昇格する！論文を書く

宮川俊彦

JN270085

角川oneテーマ21

目次

第一章　論文ひとつでクビになる？　昇進昇格論文の実態

一　論文でサバイバル！

1　一四〇〇人を半減させた論文試験

論文や作文を書かせる企業や自治体が多くなっている。私はこれまでの一〇年間、二〇万人を超える昇進昇格論文の分析を行ってきた。論文を通じて、企業や個々の人材、人事方針を見続けてきたといっても、過言ではない。

論文試験は、個々の社員の能力の活性化や人材育成の手段として有効な手段である。しかし、いくつかの企業では、単なるリストラの基準として論文試験が活用されているという現実もある。

ある製品の販売会社の例を挙げよう。営業マンの力量で販売の結果は左右される。だからこそ、好調時には増員し、不況になると成績の悪い者や可能性のない者を切り捨てていくのも当然の原理だといえるのかもしれない。

この企業は、不況により、二つの会社が合併している。私は合併前の両社の論文の分析と採点に携わっていたが、合併により論文の評価基準が大幅に変更になった。

営業マン一四〇〇人のうち、七〇〇人を論文試験の結果によってリストラすることとなった。私に分析を依頼した人事担当者は断言した。「半数はリストラです。そのための客観的な資料が必要なのです」。私はリストラの基準を訊《き》いた。「明らかに見込みのない者、意志や意欲のない者、今後の方針に合致しない者……」などと列挙し、最後には「試験の点数で切り捨てたいと思います」といった。

リストラのための評価を外部の専門家に委託し、その総合点で判定するという考え方は、確かに合理的である。そして、各種の試験の点数のなかでも、論文の評点が大きく決定権を左右する。

ところが、この両社を比べると、一方は驚くほど論文能力が劣っている。論文能力の低いほうは、専門性は低いものの愚直に真摯《しんし》に地道に現場を歩き回る体質がある。もう一方は専門性が高く、企画やイベントも盛り込んで大々的な展開をしていくような体質がある。論文の完成度も高い。

この差を単に論文の上手、下手という観点のみで見てしまったら、リストラ対象者は確実に一方に偏ってしまう。

論文を表層的にとらえるのではなく、そこから推測される個々人の資質や営業姿勢や手法、これまでの体験の質、本人も見いだしていない特性、意志、組織での位置など、深く読み込めば読み込むほど把握できる人物像がある。

人物像を考えに入れず、点数だけで判断するのは、大変難しいことだ。ましてやその点数がクビに関わるとなれば、そうそう簡単にできることではない。

結局この会社では、一四〇〇名の論文のうち、半数を一〇〇点満点中四〇点以下として採点することになった。次の年は、さらに二〇〇人のリストラを、試験の点数で行った。

つまり、昨今の論文試験は、教養の高さを判断するものではない。旧来の作文術とは明らかに異なった評価基準がもうけられている。

論文の完成度によって、リストラするか、また昇進昇格ができるかという、論文試験に重要な意味を持たせている企業や自治体が年々増加しているのだ。

2　上辺だけで切り捨てる現実

論文や作文は、求められるテーマに沿って書くだけだ。文章を書くという作業は日常生活でも、学校教育の場でも行われているという意味では、単純で初歩的な手法だ。

しかし、そこから隠れた能力と発揚の方法や成長の場を見いだすこともできるという、論文試験の隠れた効果については、まだまだ浸透しきれていないというのが実情だ。

「この人は文章力がないし、誤字が多い」と人事担当者が判定する企業があった。この人事担当者には、論文試験を課す本質が見えていない。論文から見える人物像を活《い》かす方策など、考えたこともないのだろう。

だから、この企業の論文受験者は、たとえ内容がよく、問題意識が高くても、文章力や誤字の数だけで一面的に判断されてしまう。

論文試験を課す企業や自治体が増えたとはいえ、真の意義を活かしきれない企業や自治体がまだまだ存在しているということも、残念ながら事実なのだ。

3　添削を求めた電力会社

ある電力会社の人事担当者は、受験者の論文に対する添削を求めてきた。正しい言葉使い、正しい文章表現、正しい展開とまとめ、妥当な内容。添削とは、これらを受験者に強要するに過ぎない。

もちろん、論文を正しく完成させることは大切なことだ。しかし、昇進昇格論文に肝心なことは学校の作文の授業の際に教えられたような「起承転結」ではない。また、新聞記事で求められるような「5W1H」でもない。

求められているのは、

状況認識
←
現状分析
←
問題意識

←問題点の抽出
←問題点の吟味や考察
←指針や展望の提示
←これまでの方針の検証
←現場にそくした具体論

といった一連の要素だ。

つまり、それぞれの現場の状況や問題意識の方向、現場での問題点などにより、文章や表現、論理展開は異なってくるものだ。それぞれ異なったスタイルを持つべき論文に対して、一方的に添削をするのは難しい。

添削をして、表層を整えれば中身もともなってくるというのは本末転倒だろう。むしろ中身をどう充実させていくかを考えていきたい。

それぞれの人間が人材として組織に属して、何を問題ととらえ、現在何をしていて、今後何をしていくべきか、その人材と人事担当者や会社はどう関わっていくべきかが論文の基軸にとらえられなくてはならない。

人事担当者は、共に社を動かし、今後進むべき方向を設定し、目標に有機的に向かわせていくための一助という姿勢で論文試験をとらえていくべきだ。

論文の結果を見て、一人一人の受験者の特徴や長所、短所や現在置かれている状況を見極め、次の活性策を講じていくことこそ、人事担当者の役割であり、社員に正しい文章の書き方を教える存在ではないのだ。

この人事担当者はその後、異動になった。彼の次の担当者は論文試験のありかたを真摯にとらえている。それ以来、この企業の受験者の問題意識は深まり、論文の水準も上がり続けている。

繰り返すが、論文試験はいわゆる「正しい文章」を書くことを目的として行うものではない。

論文試験では、状況認識・現状分析・問題意識・問題点の抽出・問題点の吟味や考察・指針や展望の提示・これまでの方針の検証・現場にそくした具体論といった一連の要素を自分なりに書き表わすことが求められているのだ。

4　論文でクビになった支店長

ある銀行でも、合併の後のリストラや職掌転換を目的とした論文試験を実施している。この業界には、全般的に何か危機感のようなものが常に感じられる。その危機感が視野を狭めているのではないかと論文から感じることも多い。

この銀行の受験者の論文は、どれも同じことばかりが述べられていた。年頭の方針、社長の訓示、今年度の目標、部内目標などを熟読して、それに沿った内容を書く。全社的な目的に沿って書くことが無難だという意識が、浸透しているのだろう。

目標や指針に対する問題意識を持つこともなく、既定路線と方針を踏まえた無難な範囲にとどまる論文を書く受験者が蔓延《まんえん》する企業は、この銀行に限らず、多く見られる。

この銀行の受験者は皆が似た言葉を使っていた。「コンプライアンス（法令遵守）」「自己の啓発」「率先垂範」「生き残り」「勝ち組・死に組」などの言葉が必ず盛り込まれていた。そして自分の体験と現場の努力と決意表明とを述べて社の目標を繰り返していた。

もちろん、一見似通った論文でも、思考力や観点、問題意識、現状分析力、文章の表現力などの差は表れる。この銀行はこの差に注目し、分析するしかない。

そのなかにたった一人「コンプライアンスとばかりいっていて、本当に企業活動はできるのか」と疑問を投げかけた支店長がいた。なにも法律を無視して犯罪行為をしようといいたいのではない。積極的な顧客対応と業界での生き残りが求められている時代に、現場で可能な限りの計画と遂行を展開していくしかないのだろう。保護と存続の名目のもとに商道や倫理的に問題のある行動さえしてきた現実もあった、と彼は述懐する。

銀行業務の当事者としての責任や姿勢を彼は自問しつつ、今後それらを糧とした本来の目的を確立しなくてはならないと、彼は書いていた。

この意見は確かに正論だ。論文から、彼は真面目な人物だという印象を持った。皆が惨澹《さんたん》たる事実や過去の責任を回避して優等生然とした姿勢を表現していくことに対する懐疑心を持っている。またそれで真に再生ができるのかという疑問も呈している。潔しとしない性分の持ち主で、かつてなら信頼を得る人格者だろう。ところがこういう人物は現在の組織のなかでは異分子となり、時に危険人物となることがある。

論文の完成度は高く、問題意識も、見識の水準も高かった。他の受験者の論文とは格段の差があった。現実的で、地に足が着いている思索といえた。

私は高得点をつけ、優秀な人材であるというコメントをつけた。人事担当者も同じ意見だった。しかし、次の年の受験者の名簿から、彼の名はなくなっていた。

希望退職。事実上の離職勧告を受けていた。「彼の見解は本質です。しかし、その本質とは違う本質が人事と経営に横行しているのです」そんなことをこっそりと聞かされた。

真剣に企業の再生について論じる者が排除されてしまう事例は、他の企業でもよく目にする。この銀行の判断が正しかったのかどうか、私のなかでは今でも疑問が残っている。

5　文章下手でも昇進はできる！

私が論文を分析する対象企業は全国に広がっている。それも大企業だけではなく、全社員数が一〇人規模の企業からも論文や作文が送られてくる。

当初は困惑した中小企業があった。とある地方の、聞いたこともない社名。字は下手。文章表現は低調。誤字は当たり前。一読しただけで評価していたなら、全員が一〇〇点満点で二〇点も難しいところだ。

しかし、二度三度と読んでいくうちに、論文に秘められたパワーを感じた。この足もとからうねり上がってくるような力は何かと考え込んでしまった。

「全員一丸」「頑張りぬく」「仕事が好きだ」「いつか世界を席巻《せっけん》する」……。かつて高度成長期とその後の一時期を覆っていた、日本企業の目的推進用語が一人一人に根付いている。

この企業は基礎部品を作っている。技術水準は高く評価されている。残業などは当たり前であることが論文から察せられる。

地方の無名に近い企業の社員たちが、黙々と高い水準の仕事を続けている。そして、論文に表れる言語表現は明快だ。設定された目標へと向かっていく姿勢とそれぞれの社員の考え方が合致している。

根底に流れている意志、目標を達成していこうとする方策への真摯な取り組みや問題提起には、眼を瞠《みは》るものがあった。

このような論文に出合うと、論文の土台とはいったい何かと考えさせられる。はっきりとした目的が方針につながり、日常の姿勢につながる。堅固な土台をこの企業の社員は皆持っていると感じられた。

目標のためなら何かを犠牲にしてもいいと考えている。現在の自分の姿をしっかりととらえ、自己の目標を設定し、達成しようとする。他者から与えられるのではなく、自分で目標を設定し、自己を管理し、自己を成長させるための課題を見つけ、克服していく。この企業の社員は皆、そういう姿勢で仕事をしている。

論文に表れる彼らの姿は、愚直に見えるかもしれないが、私は自分の道に精励している彼らの姿を高く評価した。特に問題意識と全体的な印象が高得点になった。行間に表れる、仕事に対する姿勢の水準の高さを指摘した。コメントはそれらを踏まえて率直に述べることにした。

人事担当者は受験者に、評価をそのまま見せた。かなり厳しいコメントにも「わかりました。次回頑張ります。勉強します」という返事があったそうだ。論文試験を課すようになってから、自分が見えるようになったという反応もある。励みになったという反応もある。

この企業の論文は年々レベルを上げている。特別に研修などを課しているわけでもない。現場から学び、吟味し、考察し、その結果を現場に返していくサイクルのなかに、この論文試験を組み込んでいる。

課題は、毎年同じものを用いている。「自己現場での問題点を提示し、その克服についての見解を述べよ」というものだ。

組織に対して不満を唱える者や、システムの不具合を指摘する者もいる。そのうえで組織における自分の立場、世代間のギャップなど、それぞれについての背景、組織の構造や社の在り方の問題にまで言及していく者もいる。

狭い視野のなかで問題点を指摘し、克服することを語る受験者は減った。

この社の業績も伸びている。業績が伸び続けているのは、人が成長している証《あかし》だ。

論文試験は、人間を成長させ、業績を伸ばす一助ともなりうる。受験者に求められているのは、問題意識を持って自分の置かれている現状を分析し、自分の職場を高めていくための方針を、論文に書き表わすことだ。本書では、昇進できる論文の書き方、企業を伸ばす論文の書き方を考えていきたいと思う。

二　論文分析の視点

私は企業経営コンサルタントでも、心理カウンセラーでもない。国語作文教育研究所（作文研）を学生の時に設立して、以来三〇年。教室を拠点として一日の大半を過ごしてきた。教室に通ってくるのは、主に小中学生。これまでに、一〇〇万をゆうに超える作文を読んできた。

私が子どもたちに携わってきた三〇年間というのは、日本が一面化し、個々人の能力が低下し続けた時代だったように思う。

国民が教養的な上昇志向を持っていても、それは一面的な学歴社会につながり、真に読解し、思索し、表現することを求められることは少なくなった。

考えない人間が増産され、個性や自由の理念も、浅い意味のまま持て余されているのが実情だ。伝統や地域性に立脚していたコミュニケーション不足などの懸案事項の上に立脚し、時代に共通した意識や教養を個々人が蓄積していくのは難しくなった時代だ。

私はこういう三〇年間を、子どもたちとともに眺めてきた。そして、彼らが三〇年のなかで大人になり、社会の中堅を形成している。もちろん、次の時代を作る子どもたちもまた、見続けている。

たとえば限定された世界のなかでの苦悩を綴《つづ》る子がいたとする。その作文にどう赤ペンを入れるだろうか。

子どもが見ている世界が限定されているなら、その世界のなかのものが知識を決定し、そのなかで人間の生き方を知り、固定された視点によって世界観も作られている。ならば、その世界を見ている視点をいくつも転換させる方法を探していく。

たとえば、ハンカチを上にあげて落とす。子どもたちにどうなったかを問う。すると子どもはまず、「落ちた」と答える。「何が？」「ハンカチが」。「そうだよな」と私は答える。「その時君はハンカチを見ていた。だからハンカチが落ちたんだ。見ている者が主語を作るよな」と教える。

「今度は床とハンカチの距離を見ろよ」といって落す。子どもたちは「縮まった」という。「何が？」「距離が」。また主語が一つできた。「次は私の指とハンカチの距離を見ろよ」。

「広がっていった」と答える。ハンカチの形を見てみろよ、私のハンカチをつかんでいる指にあたる蛍光灯の光を見てみろよ、下に敷いてある新聞紙の端を見てみろよ、耳をすましてみろよ。こうやって、「視点は主語を決定する」という基本を教える。

まずは世界のとらえ方を教える。次にテーブルの上にコップを置いて図に描くようにという。

コップの周辺を回って書くのは当然。離れて書くのも当然。隣の部屋に行く。これは見えないから白紙になる。次はサングラスをかける。コップをゆらす。コップを砕く、目をグリグリ動かす、別なものの目になって見る。というさまざまなやり方を教える。見えないことも見ることにつながることを教える。今見ているものが真実とはいい難いことも教える。

まだまだ方法はあるが、たとえばこのようなことをしながら視野を拡大させたり、別の世界を見せたり、異なった世界の見え方を実験していく。

つまりは目、視点、視座、視覚によって視野は決まるのだから、子どもたちの視野を広げていくとしたなら、その方法を指示して獲得させせようと考える。

視野が広がると、そのなかで知識や素材を見いだすことができるので、自然と思索を深め、多角的にものごとを見ることを促していく。

その人が何を見、どう見、何を抽出し、どう吟味し、何と結びつけ、何をもとに構築し、どう見解として、誰に対して表現していくか、そういった一連の表現プロセスのひとつひとつにメスを入れ、その発揚を育成していくことが、私は肝心な教育であると考える。

このような方法で、ひとつひとつの指導法や表現の根拠となるべき認識を獲得してきた。そして、子どもたちも学生たちも時として親たちまでも、表現の活性化が図られた。

次第に私の専門は文から相手を読解し、その子にもっとも適切なアドバイスをしていくことをベースにするようになった。

青少年の事件などがあると記者以上に真剣にのめりこんだ。同じ時代の意識のなかで形成されていく人間である以上、行動や思索の突出も異常性もそこから何か共通していくものを見いだしていける筈《はず》だという考えからだ。

でないと自分の視野は限定されてしまう。

子どもの自殺やいじめ、不登校、暴力……幾多の事件の読解を試みた。そこに共通している時代感覚やなぜそういう表現に赴いたかをとらえたいためだ。

その過程で多くの著書を上梓《じょうし》した。

何事も病理で片付けたり、心情論や悪者排除で片付けたり、外在条件の責任論で片付けたりという風潮には冷静に対処しなくてはならなかった。

その領域の人たちのそこからの観点としては無論評価しなくてはならないが、それがともすると一般化されすぎる風潮があるのが現代だ。しかもわかりにくい問題に対してはわかりやすさを求めてしまう。それがまた安易な対処法を生み出していく。問題が今に至るもなんら克服されることがなく、拡散し混在化し根深くなりつつ、表層は過激に多様になっていることなどは、これらがまともに探求されてこなかったことを実証している。

相手を理解していこうとする作業が指導のほとんどだ。

教えるべきは教えなくてはならないが、効果的に教えるにはどうすればいいかということだけではなく、なぜ教えなくてはならないか、とか学ぶ必然をどう相手が知っていくか、ということを考えるならば、表現教育の場は相手を理解していき続けることが最大眼目になっていく。

私の教え子たちの世代がさまざまな企業に属し、論作文試験の対象となっている。

表現教育者であり続けようとするなら、指導・分析対象は自然に拡大していくものだ。私に分析を依頼する企業や団体は、私の今までの実践を理解している。

企業には内部ではなく、外部のブレーンとして顧問弁護士や顧問会計士と同じように顧問教育者が必要になってきている。

日常は作文研の仕事や大学の授業などがある。夜の時間を企業の論文分析に当てている。しかもこれは個人でやるしかない。他人に任せても精度は低く、指導者としての問題意識に難を感じる。当分一人でやることになる。それが企業側の要請でもある。

人の読解という肝心の前提箇所で多くの企業はつまずいている。私は企業の論文分析の際には「鬼」といわれている。その時の論作文ひとつで人物像をとらえて過酷な裁定を下すこともある。また、コメントに対して驚く人事担当者も多い。なぜなら「当たっている」からだ。

多くの試験のなかのひとつの裁定なのに、そのなかで占める割合は高くなる。こっちは本気だし、日本と人とを考えて評定している。

論文を読んでいる時には、その受験者の過去の思索や体験のプロフィールまで浮かんでくるのだ。

私は一〇年ほど前、ある著名なトップ企業家から、「悪魔の研究者」といわれた。当時は、ひとつひとつの論文に対し、B４の紙に一〇枚以上、図をつけて分析をしていた。論文からは、それほどの人物像が浮かびあがってくるものなのだ。

過去一〇年ほどで、満点をとった者は一人もいない。九〇点を超えたものは多分数名だ。二〇万人は超えるだろうが、私は厳しいのだろう。〇点もいない。採点不能と採点以前は多い。一流といわれる企業でも、こと論作文になるとエリート管理職であっても五五点くらいが平均になる。八〇点どころか七〇点を超せばいいほうだ。三〇点、四〇点台はかなり多くなる。

これらの人材をどう活かしていくかが企業に突きつけられている課題だ。

三　昇進昇格論文の実態

1　論文試験のねらいとは?

冒頭には一四〇〇名のうち半数をリストラするための論文試験の例を挙げたが、もちろん論文は社員をクビにするためだけに課すものではない。

論文試験のねらいを知ることによって、受験者も、求められている論文の内容をより明確に知り、そして論文に活かしていくことができるだろう。

論文試験の本来の目的は、

・どう現実をとらえ、何を考え、今後何を目標としていくかを個々人が認識し、問題点や目的を発掘していく自己啓発性

・論文自体が個々人の見解や提言の場になっていく提言性

・人材としての自己をどう見つめ、自覚し、研鑽《けんさん》していくかという自己確認
・論文を書くという作業によって評価する側へ自己認知を促す

これらの土台の上に、ひとつの政策などの周知徹底、意志の統一を求める、などの管理側の効用が加味される。これらを別な角度からいえば、企業内構成員の意識の喚起、統一土壌の形成、言語共同体としての組織建設の中核施策ということになる。

それぞれの企業が独自の文化や風土を持っているということは、スローガンや日常の言葉、社風や文化、しきたり、暗黙のルールなど、他の企業と区別できる言語政策は確実に存在する。

「分社化と競争」、「選択と集中」、「革新的自己の創造」など、企業は目標や理念をキャッチコピー化していく。言葉で表わされた目標を軸として言語表現が派生し、言語環境が醸成されていく。

このようなことを確実に理解した上で論文試験を課している企業がどれだけあるのかは疑問だ。しかし、濃淡の違いはあるが、言語を使って関係を形成し、自己を形成する社会に生きていく上では必然であり、当然の事態と考えてよい。

数値目標でさえ、言語化された目標であるといい換えられる。

言葉によって作られていく個人は、その言葉を使うことによって言葉の背景としての思想や概念を身につけていく。

学校も企業も、そして国家も基本の組織構造は同じだ。その本質をきちんと理解して位置付けていくことが必要であり、そのためにも論文試験はひとつの人物評価基準としても、企業内国語政策の展開としても、今後一層不可欠になっていくことは間違いない。

つまり、単なる教養試験ではないのだ。ただ書けばよいとか学校時代によく書いたような論文という性格ではない。

私が論文分析に関わっているいくつかの企業は、本気になって国語政策に取り組んでいる。そこでは従来の各検査やテストを盛り込んで体系的に教育システムを作り上げつつある。

従来とは違う方法で真剣に社員の育成と活性化を図るしかなくなっているという認識が前提にある。学歴などはリセットして、本格的に再教育をしていくシステムが確実に形作られつつある。

論文試験の隠された刺激剤効果はそこにもある。

2　各社の論題はこういうものだ！

各企業で出されている課題を見てみよう。

出題される課題は多岐にわたっている。

「社の方針や理念などについての部門や個人の目標や考えを問う」ものはかなり多く見られるパターンだ。

さらに具体的に「本年度の社長の施政方針を踏まえて思うところを述べよ」、「今年の目標達成に向けて各々の部門の課題をあげ方策を述べよ」、「現状を踏まえて各自がなすべきテーマを述べよ」などという課題も出される。

「コンプライアンス」「環境」「CS」「社会貢献」など、抽象的だが企業としての認識が昨今問われている抽象的なタームをテーマにすることもある。

課題図書を読ませてそれについて述べさせるとか、大学受験のようにグラフや資料を与えて見解を求める企業もある。これは資料の読解力と自己の現場の分析をセットにした思考を求めている。

昇進昇格試験では、採用試験とは違って、現場にそくした分析とより深い思索が求められる。特に幹部クラスには徹底した現状分析や状況認識が必要で、そこからの自己の指針が抽出されていないと、論文の評価は低くなる。

これまでの体験を踏まえて述べる課題もある。そのうえで「我が社の風土」「改善ポイント」「現場の問題点をあげて解決策を述べよ」というような方向を促していくものもある。このような課題の場合、単なるエッセイを書いて失敗する受験者も多い。

仕事から切り離して「夢」とか「研鑽」とか「生き甲斐《がい》」というようなテーマもある。この場合は個人そのものを見ようとしているように見えるが、多くの場合は実務性に立脚することが多い。ただ個人の考えや思いを述べるだけでは、よほどの力量がないと漫然とした論文になる。

社が求めている個人の資質を理解していないと、社内報に載せるような個人的な作文に陥ってしまう。

部門長クラスになると、その部門の管理能力や業績を率直に問う課題が多くなる。「今期の自部門の実績と自己の指導性・管理性について述べよ」というような直接的な報告に近いテーマも見られる。

この場合も多くは事例と数値を挙げて述べるレポートに過ぎない論文が大半で、現状や実績に基づく考察や今後の展望などを述べている論文は少ないのが現状だ。自己の見解を率直に述べるということにためらう受験者も多い。意欲と自分の成果のみを前面に出す者もいる。

「管理職（課長など）になったら」という課題もある。これはオーソドックスであり、基本中の基本といえる。昇進昇格試験であれば、本質は昇進や昇格後の姿を問うているものだ。どんな課題であっても根幹ではこれを問われていると思ってよい。

ここでもう昇進したように思いを書き連ねている者やお礼を述べている者もいる。文章の要諦《ようてい》を確保しているならばまだいいが、礼状や感慨のみで終わる論文もある。このような受験者は、論文試験として緊張感が問われている場面であることをはじめから忘れている。

真剣味をもって誠実に取り組んでいる姿勢にこそ、読む側には堅実さを感じさせる。また、ここで概括的な評論能力の高さを示す者も少なくない。論文には、現場統括責任者としての自覚が如実に表れる。

だいたいが四〇〇字詰め原稿用紙三〜四枚程度だが、なかには長文の本格論文を課す企業もある。社で一斉に書かせることもあるが、持ち帰りで書かせることもある。

パソコン、ワープロを使用する企業が多いが、自筆にこだわる企業もある。専用の原稿用紙を準備する企業も少なくない。

文章表現力は基本的な評価項目だが、それに加えて論理性・語彙《ごい》力・問題意識・現状分析力・企画構築力・意志意欲などはほぼすべての企業で問われている。これらに「全体的な印象」という評価項目は必ずついている。

業種や職種、企業によって評定したい項目はさまざまだが、これらの項目の背後には「現状の満足度」「現在の職場での活性度や貢献度」「課題に取り組む姿勢や欲求」「意識や心理の状態」「社の方針などの理解度や浸透度」などを確認していくねらいもある。

テーマに対して取り組む姿勢も項目として評価にあがるが、この項目の根本のねらいはコミュニケーション能力や読解能力などをはかることにある。

さまざまな評価項目を挙げたが、表面的に表れる評価項目の裏に隠された真意について考えてみることが、受験者にも求められている。受験者は、論文の評価には綿密な分析が加わっていることを理解しておく必要があるのだ。

3　論文から見える人物像とは？

人と人が言葉ひとつでけんかしたり、殺しあいになったり、結婚したりもする。学校もまた言語政策を実践する場としてある。

言葉は人間と社会を形成しているというより、人間や社会そのものといっていいのかもしれない。だから、人の発する言葉や文は、その意図や虚偽も含め、よく見せようという演出や沈黙をも含めて、その人の言語のキャリアと表現の現実を示唆していると考えることができる。

たとえば、ごまかそうという意志が見える文章だとしたら、ごまかさなくてはならない事情、ごまかそうとした意図と実際にこのようにしてごまかしたという表現方法も一連の表現の過程としてとらえていくことができる。

そこにはそういうはめに陥ったその人の生き方や自己のふるまい、ごまかそうという判断をした根拠もまたとらえていくことができる。あるいは、さらにそうすることによって何を手にしていくか、何を手にしようと目論《もくろ》んでいるかを推測すれば、その人の現状認識力を見ていくこともできる。

私たちは、普段から、あらゆる感覚や体験や機能を駆使して相手を理解しようとしている。面と向かっていても、しぐさや表情のささやかな変化、たばこの吸い方や消し方、髪型や服装。言葉の水準や傾向や間。あるいは立ち居振る舞い、歯の治療や目の動かし方、手の色や仕事の痕跡《こんせき》、耳の後ろの汚れやツメの切りかたなど、そうしたささいな表現を観察して相手を知ろうとしたり、相手が見えていくという経験はよくあるだろう。

文章表現の背景には、その人や環境や人生が凝縮されている。一文、一言や空白から見ていこうとすることもできる。論文は何十、何百という文章表現によって組み立てられ、編まれているのだ。そこには世界観や人物像が自然と絞り込まれている。

接続の言葉というものがある。「たとえば」「また」「しかし」というように国語学者は分類している。

論文分析の際、私はこれらを展開の言語群と位置付けている。ひとつの段落や文章に示されていることを先に進めていくベクトルがあり、その進め方の針路を規定していくキーワードだからだ。たとえば、「なぜなら」とあれば、そのあとには理由や根拠が示されていく。これは同時にその前の文章表現や段落を逆に規定していくことにもなる。

なぜここで「なぜなら」を持ってきたのか、そこを探求していくと思索の展開図が見えてくる。しかもそれは文章を構築していく意図の上に成立している。「とはいうものの」「また」「さらに」「あるいは」「つまり」「別な見方をすれば」「換言すれば」「もしも」「多分」「一方」……なども同じ種類の言語群としてある。私の頭のなかには接続詞とか、副詞とかいう分類はベースとしてあっても、それらが表現のベクトルのなかでどう選択され機能していったかということや、それが表現に登場しなくてはならなかった背景を洞察していくことに重きを置く。

だから展開の言語群という括《くく》りが生まれる。目からは感覚としての視覚性の言語群がある。これは色や形などの領域になる。

視点性の言語群もあれば、聴覚性の言語群といった感覚器官の延長に成立していく言語群もある。

動きに関してはこれは動態の言語群という括りができる。思想や信念の言語群もある。

これらは論文を分析する過程で、私が自然と獲得していった分類である。文章を読解していくだけでなく、文章を表現した人物を読解するには、接続詞とその接続詞を使用した背景を分析することが大切だと私は考えている。

このテーマにこう答えたらこういう資質、性格である、と一面的に語ることはできない。

字の形、選択した言葉、テーマへの切り込み方、素材の質、根拠・論拠、自己の見せ方、関心や欲求、あとは雰囲気、文の調子、トーン、文体、多用言語、展開・構成、根幹の思想や信念や哲学、感情の表れ方表わし方、消したあと、メモ……。論文には表現者たちの気持ちのほとばしりやささいだけれど重要なメッセージが隠されている。

第二章　昇進昇格の分かれ目はここだ

一　クビになる論文、昇進見送りの論文

一回の論文試験の結果をめぐってクビにする場合もあるし、昇進を見送る場合もある。左遷もある。また、その時は評価を棚上げし、そのポストに残すこともある。私は点数とコメントを企業に提供し、その結論を出すことは企業側に任せている。

企業によってはたった一点の差で、受験者のその後のポストや収入に大きな差が出ることもある。そして、人材の効果的な配置は、企業の死活問題にもつながる。

以下に実際に課された論文試験と受験者の回答、そして私の分析と点数を紹介する。実際にはさらに詳細な分析、採点を行っているが、ここでは大まかに分析内容を紹介することにする。

わが国の教育風土で育ち、企業に属している人たちの常として結果の点数のみに関心が向きやすい。確かにこれしか見ない企業も少なくはない。

だから私はコメントを付ける。点数の背後にある分析と考察を付記しなければ、その人の現在の点数に表れない可能性を読み取ることは難しい。分析は、点数の解説ということだけではない。評価項目のみの解説でもない。その人物を評定して特徴や性質を抽出し指摘することは私が分析するうえでの基本的な姿勢だ。

本書で分析の一端を掲載するのは、それによって何を読まれているかを知ることが論文学習の支援になると考えるからだ。また人事側には点数の背後の重みと厚みの質への一層の理解を求めたい意図もささやかながらある。

高得点を取ることとのできる論文に決まった法則があるわけではないが、少なくとも「何を書く必要があるのか」を知るきっかけになればと思う。

自分の論文がどのように分析されるのかを、イメージするきっかけになれば幸いである。

自信を持って論述せよ！

あなたがこれまでに成し遂げた仕事の中で、最も達成感があり、誇りに思える過去の業績について、詳しく説明してください。

私が成し遂げた仕事の中で、最も達成感があり、誇りに思える過去の業績は、現在私がおこなっている特許関連の業務の手法を確立したことです。
私が入社以来在籍している研究所という部署は、他社と技術力を競合する部署です。その競合において、自社技術の絶対的価値を高めるための研究開発を進めるとともに、その自社技術に他社の技術に対する相対的な優位性を保たせることが必要です。特許関連の業務は、自社技術が他社の技術よりも優位になるために重要です。研究所は自社技術を生み出す部署です。しかしながら、生み出した技術を他社の技術よりも優位なものにするために特許制度を利用することは、以前はあまり積極的ではなく、特許出願にしても、他社特許出願への対応にしても、どちらかというと、知的財産部署にまかせてしまって、研究所が能動的に動くことは少なかったです。
しかし、私が特許関連の仕事の手法を確立してからは、状況が大きく変わってきました。特許出願の際の先行技術調査、権利範囲の設定、明細書案の作成までを研究所でできるようになっています。また、出願後の拒絶理由通知や異議申立を受けた場合の対応も滞りなく行なうことができています。更に他社出願に対する情報提供や異議申立をすることも、適宜できるようになりました。

課されているのは論文である。作文でもレポートでもない。しかし、この文章を読むと、作文やレポートの類《たぐ》いかと錯覚してしまう。

現在、企業から私のもとに送られてくる論文のなかには、このレベルの論文が多数を占めている。

論題は「説明」である。過去の実績を説明していくことが求められている。

試験が課された時点で受験者は、これが昇進昇格のゲートであることを忘れてはならない。人事担当者は、受験者の過去の実績を理解している。すでに理解しているにもかかわらず、なぜ実績を説明させるのか。

論題に隠された意図を汲《く》むという作業を、論文を書きはじめる前に行わなければならない。

この企業は食糧関連のトップ企業。系列企業も多く、そのグループ全体に課された論文試験だ。

受験者は、確かにテーマについては述べている。しかし、テーマに正対していると考えられるだろうか。一応はイエスだ。しかし厳密にはノーだ。一見一定の詳細さをもって述べている。特許関連業務の手法を確立した、ということが受験者の語りたい自己の実績としてある。そこまでは表面的にわかる。

そして受験者の書く文章表現は今ひとつながらも、論題に対してはわかりやすく説明されている。この受験者は素質や潜在的な教養土壌は潤沢とはいえないまでも、ある程度は有していると考えられる。

しかし、何度か読むと「浅さ」が気にかかる。テーマに回答しているだけ、報告をしているだけであって、受験者の本心が伝わってこないのだ。

これは従順な性格だといえる。指示に対して忠実に履行していく質《たち》なのだ。年齢は中堅の少し手前。事務方として地味でこぢんまりとした、手間はかかっても着実にものごとを遂行していく生真面目さが感じられる。これは私が文章から受けるイメージだ。

やや文章を書き慣れているが、言辞の割に文体は稚拙な感触がある。「です」「ます」の文体と内実は嚙《か》み合っていない。

もちろん、経緯を述べていく際にはこの方が書きやすいということもある。しかし、それと同時に本受験者がこの体裁を意図していかなくてはならない事情もあるのではないか、と推測する。

それは確固とした自信が背景に乏しいということに由来する。語ることを留保していこうとする理由が存在している。

実績を強調しようとしつつもどこかで引いている姿勢が見える。引き気味の実績提示なのだ。

内容に目を向けてみよう。実際何をどうしていったのか、詳細は述べられていない。「手法を確立した」とはどういうことか。その前はどうだったのか。問題点と改善方法、そして現在へと迫る、論文としての核心が弱い。

問題意識や結果をひどくあっさりと述べて終わっている。それよりも周辺の事情など、よけいな説明が多い。

何が主で何が末葉かの調整や配慮に物足りなさが感じられてしまう。もっとも中心にくるべき、確立した「手法」の具体論が見えていない。意図的に隠しているのではなく、抜けている。本受験者の頭のなかでは、手法を具体的に語ることの重要性が欠けているということだ。

そこには実は文章表現上・構成上の問題というよりも、実際の仕事の場面で求められているものごとに確信をもって対応していく姿勢や思索の甘さに問題点を感じさせてしまう。自己の部署の従来の問題点や性格を述べている。肝要な中枢的機能をになっていながら特許関連の業務に関しての消極性が語られている。日本を代表している企業のシンクタンクを持つ研究所がそういうことなのか？　読み手として疑問を感じてしまう。

「相対的優位性を保つ」などということは当然であり、そのためにあらゆる手段を講じ、積極的に推進していくべきではないのか。それなのに、今までは「知的財産部署」に任せていて自部署ではあまり動かなかった。

この受験者の状況認識を是とするならば、いったいこの受験者の実績はどういうことになるのか。その部署との関連は、そこでのトラブルは、両部署で何をどう決着していったのか、あるいはそういう「手法の確立」ができたというならば、この知的財産部署への越権にならないか。そういう配慮やそれを是認させていくための「手法」や必然性はどう「確立」していったのか。

さらには自分の部署が積極的でないということに対する問題意識があったなら、なぜそういう状態が続き、それによる問題はどのように派生していったのだろうか。また本受験者がなぜそれを打開していくことになっていったのだろう。

「私が手法を確立した」結果、当該部署の「研究所」が特許関連のことをできるようになった。これに達成感があり、自らの成果であり、業績だと本受験者は誇るが、これだけの組織認識でよいのか。この業績によるプラスもマイナスも、さらに大きな視野と角度でとらえていく必要があるのではないのか。

分析を進めていくうちに、このような疑問が次々に出てくる。省略もあるだろうし、私の杞憂《きゆう》もあるだろう。

しかし、読解者はあらゆるケースを想定しているものだ。不安や疑問を多く感じさせる論文の書き手には、日常的な他者に対する配慮も不足している。

自分の論文が、自分の意図とは異なって読まれてしまう可能性があるということに留意したほうがよい。

この論文には、いうべきことをいって、あとは相手の判断に委《ゆだ》ねるという姿勢が具現している。

最後に「このようになりました」と成果らしきものを述べている。それははたして成果と呼べるものになっているのか。

この論文には、事例が述べられていない。問題を認識し、改善することによって具体的に何がどう変わったのか。その事例が端的に示されるべきだ。

実務論文において肝心なものは事例だ。事例を挙げることのみで視点も観点も思索も見解もわかる。

この受験者には厳しいことをいうが、全体的な構造のなかでものごとをとらえていない。自己の周辺の枠内の発想にとどまっている。

また、自己の成果を語る際に、周囲への配慮が欠けている。本受験者が取り上げた実績については、本人自身が意義や意味、効果などはさして深く考えられていない。

自部署がどのような性格を持ち、今後どのように変革していくべきなのかというビジョンも明確ではない。自分がいいと思うことをやったという、自己満足度ばかりが強く読み取れてしまう。

本受験者の真意は、私の分析とは違うかもしれない。

しかし、結果的に、本受験者はそう評価されても仕方がない構造で、論文を展開してしまっている。

この評価は、本受験者の文章表現の訓練不足によるものだろうか。いや、文章力の稚拙さは克服できる。

しかし、この文章構成・構築・論理展開に見えているものは、核心の不在。現状を吟味し、考察していく姿勢。自己を検証していく姿勢。これらの姿勢が決定的に不足している。

まとめると、本受験者はまず確固たる自信を持って論文を展開するべきだ。自身が誇るべき業績に対して、今一度意義や意味、効果などについて深く吟味し、そのうえで論文を展開することが必要だった。これらのことを踏まえたうえでの私の評価は、以下のようになる。

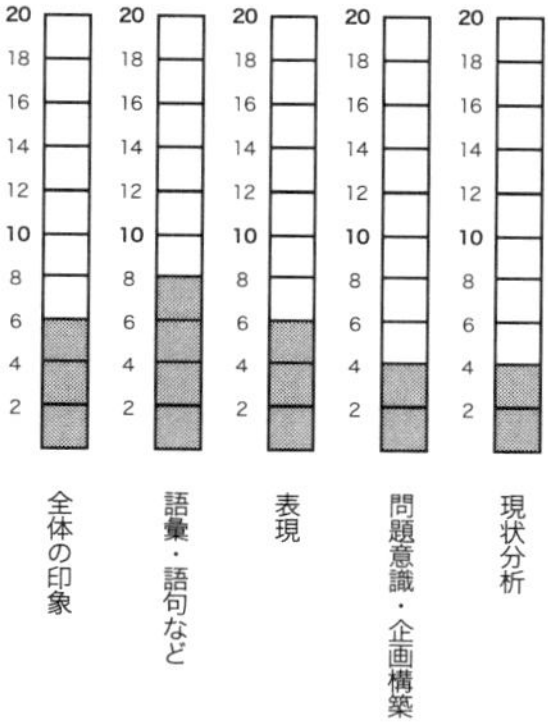
20
18
16
14
12
10
8
6
4
2
全体の印象
語彙・語句など
表現
問題意識・企画構築
現状分析

総合点
28
100

一般論を展開するな！

【当社が将来に亘《わた》って「勝ち組」となるために、貴職が職場で取り組むべき課題と解決策について、貴職の現在の部署における上司の見地からみた上で具体的に記述せよ。】

当社が将来に亘って「勝ち組」となるために、私が所属する営業情報支援部が早急に取り組むべき課題と解決策を以下に挙げる。それは、

1．営業支援力の強化
2．部員の知識拡大
3．社内ネットワークの推進
4．セキュリティ意識の向上
5．デジタル化に関わるコストの削減　である。

1. 営業支援力の強化

のため①営業部向け提案力の強化②ニーズ対応力の強化を実施する。

直接顧客と接する営業部を後方支援する役割を持つ当部として、営業部からの要求を待つのではなく、当部の知識を活かした提案力を強化していきたい。

営業部との連携をより密にし、営業部員からのニーズに的確かつスピーディに応えることで、後方支援の立場からも営業部が顧客に向け積極的に業務改革を発案させることにつなげていきたい。

そのために肝要なのは、営業情報支援部員のコミュニケーション力の強化である。さらに、必要な情報を必要な時にパッケージで提案できるような体制を整えることで、迅速かつ的確に営業部員への情報提供を行っていきたい。

2. 部員の知識拡大

営業情報支援部員のコミュニケーション能力の強化のためには、部員の知識拡大が必要である。営業部の業務が拡大していく中、当部の人員はサポート部門として最低限におさえなければならないことを鑑みると、ひとりひとりが生産性を二げて、効率的・合理的に対応していく能力が要求される。

コミュニケーション能力は一朝一夕に備わるものではないが、営業部、ひいては顧客に関わる事象について幅広い情報収集に努め、現在何が求められているかを常に意識して職務にあたっていきたい。多数の情報の中から最適な技術を選択・工夫して決定する判断能力を磨いていきたい。また、人員削減のため、アウトソーシングも視野に入れ活用できる能力を持つ人材育成が大切である。

3．社内ネットワークの推進

関連会社を含めたグループの連携の強化により効率化をはかれるかどうかが、今後の当社の将来を左右すると考える。

グループを連携させ、同一の機能を持つ部署は一本化する。そのために段階を経ることが重要であるが、まずは第一段階として情報伝達のスピード化と情報共有の活性化を図っていきたい。

当部としては、全社的な情報伝達と情報共有のために、ネットワークインフラの整備に取り組んでいきたい。

4．セキュリティ意識の向上

業務のオンライン化は急速に進んではいるが、トラブル対策については課題が残る。セキュリティ対策については、部員の意識改革に加え、社内の営業部員はもちろんのこと、要請があれば顧客層に対しても日頃から意識を高めて頂けるような講習を実施することを提案し、サポートも含めた販売につなげたい。また、社内におけるセキュリティ対策、コンピュータトラブル対策については、営業情報支援部が当社内でのスペシャリストとして位置づけられているので、責任を持ってのぞみたい。トラブルから復旧までの一連の流れについてはマニュアル化することで、トラブルが起きた場合に迅速かつ正確に対応できるようになる。実際にウイルス感染など深刻なトラブルが起きた際に迅速に対応できるように、全社的規模でのシミュレーションを行いたい。

5．デジタル化に関わるコストの削減

営業情報支援部として①開発費②運用費の2費用について重点的にコストの削減を実施していきたい。

まず、①開発費のコスト削減のために、業務内容の調査・分析を十分に行いたい。それにより、システムの効率化及び共通化を図ることができると考える。新規案件の開発に関してはよく吟味して行うことで、新規システムの設計・開発・導入・サポートに割いている人員、時間、手間を削減していきたい。
②運用コストの削減には、開発時点での品質管理を高めることでトラブル発生率の削減を目指したい。トラブル対応に必要となる人員が削減できることで、コストが削減できると考える。また、営業情報支援部における受注入力業務は、日常業務として当部の大きな負担になっている。受注データのオンライン入力データベース化を進め、今後は各営業部員による発注データ入力のオンライン化を進めたい。その際には、営業部員の負担にならないようなシステム開発が不可欠になると考える。受注データのオンライン入力データベース化のため、同業他社の導入実績と、当社内のヒヤリングを行いながら慎重かつ迅速に進めていきたい。
当社が生き残り、勝ち組になるためにはスピーディな情報伝達は不可欠です。そのために営業情報支援部として、取り組むべき課題には上記以外にも多数発見で

きると考えます。全社一丸となって他社を上回る営業力を発揮するため、サポート部門として常にできることを考えていきたいと思います。

これはある企業の課長に昇進するための論文である。

本受験者は、一本の論文に多くの解決策を盛り込んでいる。使っている言葉も含め、全体に覇気が感じられる。課長になったら、周囲を引っ張っていきそうな人物像が浮かんでくる。

管理職に近くなると視野を拡大せざるをえない。見なくてはならない領域は広がるし、部下の数も増える。この段階の昇進昇格論文では、管理能力や人間性、日常の姿勢、そして担当職域の能力が問われていることが多い。

テーマは「勝ち組」になるため、という、まさしくこの企業の今後の核心を問うテーマだ。このテーマは、企業が社員に一番問いかけたいものだろう。業績がアップして、健全経営のまま飛躍していき、しかもそれが永続していくことを願っている。そのためにどうしたらいいかというのは、なんともわかりやすいテーマ設定だ。

これは実は書く際には難しい。経営の指針の分析や正しい状況認識、今後の予測が求められる。自分が考える今後の方針をより鮮明にしていかなくてはならない。下手をすればマニュアル的になる。

受験者はよく、どこかで読んだような生き残りや発展のための経営革新、合理化論などの一般認識を無難に現状に当てはめていこうとしがちだ。

しかし、こういうテーマに出合った時には特に、一般論を展開してはいけない。むしろ果敢に現場に立脚した姿勢を堅持して、そこからの展望や現状の問題点を掘り下げていくことが必要になる。

さらに前提として、この課題では「今」が問われている。この場合、展望や方針を核として問うものではない。それよりもむしろ、現在何をどう考えているかを見ようとしている。

単に自分の意見を述べるだけではない。出題者の側からすると、参画意識の喚起も重要な目的としてあるだろう。

そもそも、この種の問いを投げかけられると、投げられた側も自分が経営の一角に位置していることとの自覚を促される。

このテーマはさらに「取り組むべき課題」と「解決策」の提示を求める。しかも「現在の部署における上司の見地からみた上で」という条件もついている。

こういう課題を考案する人事担当者はかなりの眼力をもっていると思っていい。あらかじめ、提出される論文の水準や内容を予測している。

受験者にはその水準に合わせた論文を書くのではなく、想定されている水準を読解し、その一歩先をいくぐらいの事前の吟味が求められている。

この論文をじっくり読んでみよう。勢いもあり、はじめに課題を提示して、それぞれの解説をしている。簡潔で、真摯《しんし》な取り組み姿勢といえる。

文体を見てみよう。「していきたい」という文末が目立つ。これが本受験者の今回の表現のベクトルだ。目標でもあり、願望でもあり、希望でもある。

その根拠は何か。何かを「したい」と考える背景やいきさつ。現状はどうなのか。それを具現させるためにするべきことは何か。実現したらどうなっていくのか。分析の際は、それらが必ず問われていく。

本受験者は「早急に取り組むべき課題」を提示している時点で、すでに網羅的である。しかし、ひとつひとつの解決策を見てみると、無難で実は誰でも語れる指摘であることが判明する。

この受験者の提示で、「勝ち組」になり続けていくことができるか。どうも疑問が残る。これはすでに求められていて、すでに是認されている解決策を踏襲して述べているのではないか、という疑問が生まれる。

これらは当該職域では必然のテーマなのだろう。彼の解説を読むとそれがわかる。当たり前のことを最近よく使われる常套《じょうとう》言辞を用いて確認的に述べている。これはすでに部内全員が理解している土台になっているのだ。彼はそれをそのまま述べている。

これが学校ならばまだわかる。その場の雰囲気をつかみ、求められている正解を推測して、言葉にしていけば優等生になれる。しかし、昇進昇格論文では、その姿勢では困るのだ。

本受験者が挙げている解決策は、実は考えの背景を述べているに過ぎない。理解力と編集のセンスは認めるが、実務論文としての質は低い。

なぜなら、第一に現状分析がない。現状に対する分析がないまま、どうして論文が書けるだろうか。

現状の提案力やシステム、営業力などの課題に対して、現場の責任者であるにもかかわらず、現状の分析が抜けている。

分析には、具体的な数字やデータが必要だ。

現状をどう自己で評価し、何が改善すべきポイントだと分析しているか。何が特別であり、他との差別化ができ、何が独創的であり、他の追随を寄せ付けないか。その原因や今後の見通しはどうか。あるいは何が劣っていてどんな問題が生じているか。その克服のためにしていることについては進捗《しんちょく》状況はどうか。あるいはその現行の業務が今後の状況のなかでどういう動きを見せ、今後どのように変容していくのか。

他業種や競合社との比較対照も求められるだろう。国際情勢や新規開発の見通しやそれによって生ずる各種の変容も先取りしていかなくてはなるまい。

この論文は、あくまで現状の維持という原則の上にたって、誰が考えてもそうなるという水準を見解にしているだけだ。そこに思考の発展や深耕はもたらされていない。

「コミュニケーション能力の強化のためには、部員の知識拡大が必要である」。それもよくいわれていることだが、ならばそれは今できているのか。できていないのならば、そのための体制作りはどうするのか。今いる人材でそれは可能なのか。何に問題を見いだしているのか。これらについても、意識は希薄なようで、論文では触れられていない。

つまり、この論文では、こう語っていれば間違いないというラインを基準にして述べている。これはなにも語っていないに等しい。

この受験者は、実は能力者だ。文章の的確さや凝縮された解説などに、彼の能力の高さが表れている。若干爪を隠しているように感じられるが、巧妙さがなくては高次の表現者とはいえない。社会人としては、なんでも思ったことを正直にいえばいいというわけではない。言葉や表現によって相手を説得したり、自分たちの身を守ったりすることが必要になる。

だから、論文の場で、正直にありのままを述べることを要求したいのではない。むしろその隠し方や巧妙さを、ひとつの表現の技法として身に付けていくことが求められている。日本語は察しのコミュニケーションである。あいまいさをも表現手段として活用していくことが求められていく。

察していくことを予期していく高次な表現方法は、管理職になっていこうとするならば、より一層求められるものだ。

また、組織はその安定と秩序を第一義的な目的にしている。まして大手となり、傘下にグループを持ち、関連業者や協力会社が多いと、その保全がどうしても現場の発想の根幹にくる。

改革は必要だが、抜本的な解決策を実施するには、なみならぬ努力が必要で、失敗すると大きなマイナスを背負う。かといってこのままでというなら次第に地盤沈下していく。

それらが今日の問題意識としてあるべきで、そこからの指向性や方策が常に求められている。

本受験者の場合は、このような状況を一定の水準で了解していると考える。しかし、論文の表現としては状況の理解を飛び越して、こうすればこうなるからこうしたい、という論理回路のみを遊離させて展開している。これでは、意図の一端を伝えることはできても、結果的に評価の低い論文になる。

自己の現場に依拠しつつもそれ以上に思索を広げず、現場に対する理解もなく、無難な指針のみを提示して終えている論文。本受験者の論文には明確なアピール材料は少ない。「解決策」は安直に提起すべきではない。解決策の前には現状の問題意識が吟味されなくてはならない。そこからのいくつかの可能性を提示し、思索していく過程こそが実務論文の基本としてある。なんでも提起していけば正解と考えてしまうと、こういう論文になる。勝ち組にセオリーがあるならみんなやっている。その業界・業態・現有勢力・企画・思想・経営方針など、あらゆることが吟味されなくてはならない。

どこがなぜ成功し、どこがなぜ失敗したか。再建しているところは何をどうしたか、現在の経済状況のなかで生き残っている企業はなぜ成功し続けているのか。

経済活動をしている人間なら的確に読解していかなくてはならない現状の学習が、ややおろそかになっているようだ。

これは保身であり、責任回避である。論文は漠然としていて、核心がなく、現実から遊離している。本人の思索の甘さが表れている。

ただし、現代の企業人のひとつの典型も具現している。この従順さと無難さを評価している企業も実際は多いのだ。本受験者は、組織によっては可能性を秘めている人物と評価できる。

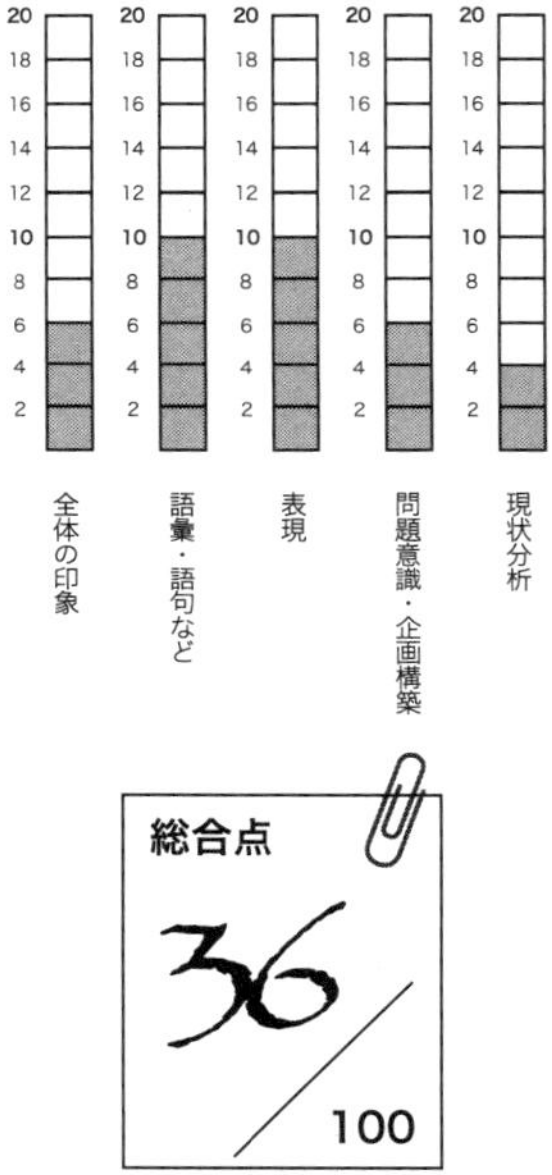
全体の印象
語彙・語句など
表現
問題意識・企画構築
現状分析
20
18
16
14
12
10
8
6
4
2
総合点
36
100

論文にはその人の「活かし方」が見える

企業とは「企業目的と基本理念から足を踏みはずさずに経営目標を達成するための組織」である。

当社の場合、それは「グループの企業行動規範及び社員行動指針」の中にくわしく書かれているが、いくら経営目標を達成しても企業目的や基本理念に抵触しているのであれば、その行為は否定されるべきである。また「守るべき社会のルール（法律や倫理なども含む）に抵触した場合も同様である。

したがって、「企業目的」「基本理念」「守るべき社会のルール」に抵触するのを防ぐことが、リスクマネジメントの目的の1つ目である。

当社の場合、前述した「グループの企業行動規範及び社員行動指針」の中にわかりやすく書かれているので整理しやすい。

リスクマネジメントの2つ目は、企業価値創造のための経営戦略を行う際に「とるべきリスク」や「とられたリスク」およびその「管理コスト」に焦点をあてる事である。

競争優位に立つためには

①競争相手よりも十分に危険を予知できる能力を持つ事

例として「ビジネス環境の変化に対する早急な反応・法令規則の遵守」「自然災害の影響の最小化」「規制関係の改善」等

②競争相手が恐れるリスクをとれる事

例として「新しい市場への慎重かつ迅速な進出」「国際的拡大」「新規顧客の取り込み」「開拓者の利点」等

③競争相手より管理コストを下げる事

例として「低い保険・ヘッジコスト」「より少ない資源の投入」「より効果的なコントロールプロセス」等である

次に自社のリスクは何なのかを知るためには、「リスクとリターンは表裏一体」である事から、まず自社のリターン要因、つまりビジネスの成功要因を知る事から始めるべきであろう。

当社には優良な取引先や、良いブランドイメージ、100年を超える長い歴史、NO1ブランド商品を数多くかかえる業界NO1企業である等、数多くの成功要因がある。

これらをもとに、経営戦略を立て実行に移すことで、さらなる競争優位、株主価値の増進を高めるには
①外部環境要因として、現在（将来）の経営、市場環境の分析
②情報として、市場や顧客ニーズ、競合他社、自社の情報収集
③競争相手に対しては、競合他社の販売シェア競争相手の戦略の分析・評価
④マネジメントとして、競争優位を築く経営戦略の策定
⑤ビジネスプロセスとしては、競争相手より優位なビジネスプロセスの利用を図る
⑥価値形成として株主価値や顧客価値、従業員価値の創造
⑦株主や投資家に対しては、彼らが期待する以上の成果の達成
等が必要であり、
事業活動としては、調達した資本を各経営資源に投入する事で顧客満足度を高め

るために
①外部経営環境として、現在（あるいは将来）の経営環境を分析する
②情報としては、適切な情報システムを利用する事
③経営資源としては、調達した資金を人材・原材料、生産設備などの経営資源に投入する事
④ビジネスプロセスとしては各工程（情報収集、目標と戦略の策定、開発・生産、販売、アフターサービス）で最適な品質・時間・コストを達成するプロセスの構築を図る事
⑤顧客に対してはより良いサービスの提供
等が必要である。

これらを行う事により、結果として
①経営環境・競争相手に関する情報の種類、入手ルート、分析方法が確立されてくる
②グループの連結決算を月次で行えるようになる

③競争相手の分析手法が確立してくる
④投資基準と撤退基準が明確に定まってくる
⑤経営陣のリーダーシップ力が、より企業価値に貢献する
⑥ＩＲ（投資家向け広報）活動を重視し、正確な情報を適時に株主に伝えられるようになる
以上のような事が望める。

冒頭に理念を持ってくる姿勢は、特に順番をおって文章を組み立てていこうという論理の整合性に関心が強いことを示唆している。堅実であり、冒険はしない人物だ。根拠や論拠を提示していくことは論文の生命といえる。その意味では、本受験者はこの論文で自己の語ろうとすることの輪郭を冒頭で規定しているということになる。

基本的な思索の力量は充実している。特に考え方や思索の方向性を強調して述べていることに気付く。数学や理科系が得意であり、筋を通していく質。

人間としての面白みはないかもしれないが、果断即決の傾向は見受けられる。

こうだからこうだ。こうやっていけばいいんだというような一種の剛直感もある。こういう人物は現場のリーダーとしては率先垂範型にもなりうる。

この手の傾向を持つ人物は、このような羅列・項目仕立てで論文を終えることが多い。「以下に述べる」などと書いて個条書きにしていく。番号を振ったり、「1―1」「1―1―2」というような小見出しをつける。

こういう論文はどこの企業でもよく見掛ける。

機能的だが、このスタイルが正しいというわけではない。確かに、それぞれの文章がしっかりとした骨格を持っているならば問題はない。

要点を抽出して、それらがしっかりとした骨格をなしていて、あとは細かな周辺処理と表現の工夫だというところまで深化した思考があり、論理的に構築されている論文には、高い評価がつく。

ただ本受験者の展開を見て欲しい。これは数式に似ている。

こうすれば

↓

こうなる
↓
するとこうなっていく
↓
だから
↓
……

というような直線的な論理展開が見て取れる。

この人物は確かにポイントをとらえている。しかし、ひとつひとつのポイントが次の要点や要素に作用をおよぼしていない。単独で並列的に羅列されている。それぞれの文章の間に展開言語がくるとすれば「また」「さらに」「次に」という種類のものになっていくだろう。

この論文に挙げられているのは要点だが、これ以上発展するわけではない。一見それぞれのポイントの位置づけは明確だが、気がついたものを一定に選択して提示したというところが正しいというように見える。

しかも挙げられている要点はいわば当然の心掛けや心構えであり、さして新鮮で独創的とはいえない。

さまざまなポイントを羅列しているが、本質的にはひとつの総論を述べているに過ぎない。

概活的なとらえ方による視野の広さと配慮は了解できるものの、羅列して確認をしているという段階で、本来この先に論理の構築が求められる。

しかし、本受験者はこれらを羅列して一応の大まかな展開をしている。これだけ挙げたら、だいたいは網羅できるだろうという思いも感じられる。

立体的な論文の展開というには細部への言及が不足している。

理念や考え方の大筋はあっても、その先は散漫なのだ。

これはリーダーとして、アジテーター的な傾向は持っていても、少し困難で複雑な問題になると躊躇《ちゅうちょ》するか、無理に割り切って遂行してしまう向きも感じさせる。

基本的にはマニュアル人であり、資質の高さは評価できるが、職務姿勢としてはやや強引で仕事の後に雑然としたゴミが散乱していくようなタイプと考えられる。

プライドがあり、考えていることを隠さずに前向きに推進していく人物であることは疑えない。セオリーを現場での展開に当てはめている。これが有効な時は良好だが、うまくいかない場合は混乱を深めるタイプだ。活用の場とタイミングを考慮しなくてはならない人物といえる。

与えられた目標には忠実に正対していく。しかし問題意識は希薄だ。まとめると、本受験者は、問題解決に向かう姿勢とそこでの具体的な段取りや企画構築力は評価できる。

攻めの人物であり、慎重さや怜悧《れいり》さは乏しい。昇進して現場の長になることは、現場に機動性や一定の活気とよいムードはもたらすだろう。

しかし、下手をすれば空転してしまう恐れもある。よい脇役が必要な人物だ。部下のなかに、綿密な思考ができるような補佐的な人物をセットしていくと、この人物は組織内のよい活性材料になることができる。

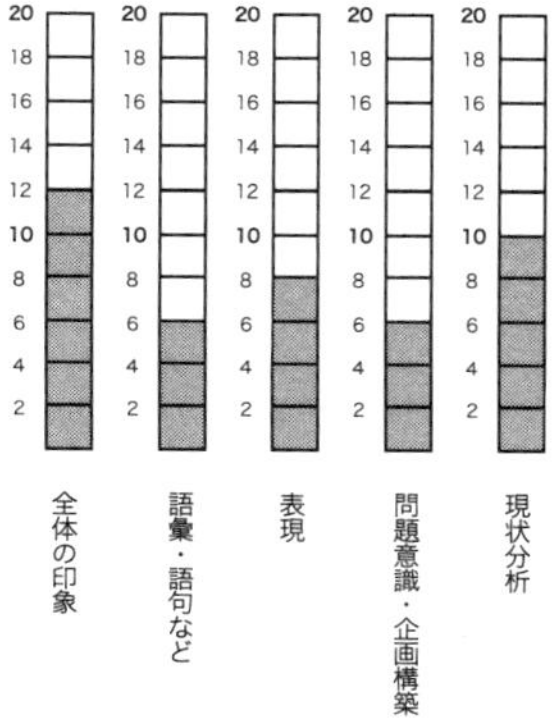
20
18
16
14
12
10
8
6
4
2
全体の印象
語彙・語句など
表現
問題意識・企画構築
現状分析

総合点
42
100

仕事への信念が伝わる論文を書こう

自己業務目標の設定と取り組みについて

私は、新機種係に配属し、開発試作では、発注・組立・出荷までの推進管理、新機種では、メーカーレイアウト後の量産金型、イベント日程調整を行なっています。支払い関係では、量産金型などの、取引先との価格折衝、査定を主業務としています。近年では、取引先への原価低減活動も、積極的に行なっています。長引く不況の中、会社の存続、繁栄、そして自らの生活の為に、今まで以上にコスト競争力の有る、枠組みを越えた、新購買体制の確立をめざします。重点施策として、品質購買体制の構築・海外調達の拡大、購買力の強化が有ります。品質購買体制の構築では、品質保証室からの、情報データを基に、取引先格付け評価をし、優良取引先の拡充をはかり重点（不良）取引先については、メーカーレイアウトの縮小を実践します。海外調達の拡大に於《お》いては、アジア諸国（中国）を中心としたグローバル展開を行ない、購買比率を上げ、国内外のコスト競争力を持ちつづけます。購買力の強化に於いては、今までの原価活動（取引先へのお願い・要請）ではなく、取引先との共同による原価洗い出し、現場査定を行ないます。積極的なVA・VE活動の取り組みを行ないます。次に職場に目を向け、各担当へのQC意識（同じベクトルで）を持たせます。それには、個人の役割と責任が必要となります。自ら培った、推進管理、取引先との折衝のノウハウ、考え方を伝え、上司、部下とのコミュニケーションをはかり、活気の有る職場作りをしていきたいと思います。

あれもこれもの網羅だ。盛り沢山にすべきことがある。大変なことだ。しかし、企業人の日常とはこういうものだろう。

本受験者の文体は「……していきます」。これは決意表明に属する。「なぜ」も「どうやって」もない。

私は、小学生の初歩段階で自己の見解の三原理をキーワードとして示している。そのキーワードとは、「なぜ」「もしも」「どうすれば」の三つだ。「なぜ」と「もしも」はよく語られる。学校ではそれだけしか教えられないといってもよい。しかし、自己の見解は、「どうすれば」に具現されている。

方策は後でじっくり考えようという姿勢では困るのだ。今どうするか、一分後、明日はどうしていくか、方策が明確に提示されていないと、見解は中途半端なもので終わってしまう。

だからといって、闇雲に動けばいいというものでもない。確実な段取りや事前準備や事後処理、考えられるすべての事態への対策などを頭のなかに構築して、それぞれの引き出しとチャンネルを作っておかないとならない。

個別の対処でいいものもなかにはあるが、行動は必ず他に影響を及ぼすものであるから、厳密には個別の対応は成立しない。全体への影響を考えあわせた上で、行動に移すべきだ。そういった考え方は、この論文には書き表わされていない。

本受験者の文章からは、エリート性は見いだせない。しかし実直な現場の実務人の風貌《ふうぼう》が浮かんでくる。

残らず書きたい。そして真摯に精励している自己を認知させたい。その思いがひしひしと伝わってくる。ただ書けばいいと考えているような人物ではない。本当に取り組んでいきたいと考えているのだ。身の丈を超える仕事の量と質を徹底的に語っている。

論文の冒頭には自己の現場の解説がある。そして一定の状況認識がある。その認識を目的につなげていく。

目的は会社の存続・繁栄と自己の生活のためという一貫したつながりを持っている。論理展開の基軸はしっかりしている。これは信念につながる。

語っていることは当然の域ながら、また羅列ながら、文章からは気迫が窺《うかが》える。当該職域に立脚していて、現場にそくして考え、結果を現場に還元している。この人物はきっとここに挙げた仕事をやっていくだろう。

よく読んでいくと無駄な文がない。決して文章表現としては良質とはいえないし、面白みもない。ただ愚直さだけが前面に出ている。

「共同による原価洗い出し……」のあたりには本受験者の問題意識と現状認識が凝縮されている。そして最後には通り一遍ながら具体的な指針として結論を出している。

決して論文の水準は高いとはいえない。しかし何度もいうが、本受験者には愚直さがある。すべての社員が管理職になって皆を率いていくわけではない。中間職や現場にい続けて、そこでの職務への気概を持って働く人物も必要なのだ。

むしろ、現場人が実直で目標に対して忠実でありつつも創意工夫を持ち、生活をかけて精励していくことこそ企業の原動力だともいえる。

論文として、課題は多く不十分だ。しかし本受験者は地味な仕事に精を出し、一定のレベルに精通し、熟達している熟練者の質がある。

組織の上層管理者としては的確性が今ひとつだ。本受験者は全面的な論理展開をし過ぎる。また高位の視座でものごとをとらえていない。さらには正直でまじめ過ぎる。部分的な認識はあってもそこから高次の経営論まで練り上げていけない。

上位管理職には、このような人物とは異質の能力と人格が求められる。

酷ではあるが、本受験者には適材区域があるということだ。配置を間違うと本人が苦悩し、ひいては会社全体がマイナスを受ける。

昇進昇格は見送っていく方向での評定だ。

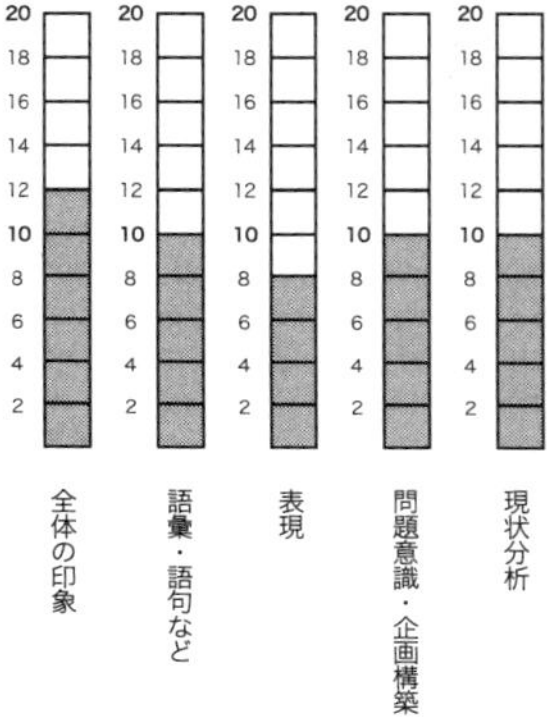

総合点

50/100

レッテル文化で生き残るために

テーマ：【あなたは職場に於いてどのような改革が必要であると考えていますか。現在の部署の上位責任者（副長、所・課長）の立場で具体的に記述して下さい。】

私は昨年の一月に本社製品検査部から東京南支店に異動となり、現在の業務に約1年従事している。職場に於いてどのような改革が必要であるかを、現在の状況と併せて述べたい。

①情報の共有化

顧客毎に業務担当者が決まっており、一部の顧客以外は1人で仕事を進めている。顧客にとっては、担当者に連絡を取れば一々説明する手間を省ける為、楽であるというメリットはあるが、担当者と連絡が取れないと他の人では対応できない事がある。これを改善する為に、以下の方法が考えられる。

イ．担当者を2人体制にする

これは2人が同等に対応するのではなく、1人が主担当者となり、もう1人が副担当者として顧客の対応をするものである。全ての顧客を決まった人とペアで担当するのではなく、顧客によって違う人と組み、主と副を半分ずつ受け持つようにする。これにより主担当者が居なくても、副担当者がある程度カバーする体制を築く。担当する顧客が倍になることで、様々な業務に携わることができ、ペアを組むことにより自分とは違った仕事の進めかたを勉強できる。

ロ．グループウェア等の導入

現在は各個人でパソコン若しくは書面で管理・保存している情報を、LOTUS NOTES等の管理ソフト（グループウェア）を導入し掲示板を活用する。個人宛てに送っているメールや回覧板に載せ、誰でも・何時でも見られるようにすることにより、必要な情報の管理・閲覧・検索・利用ができる。全体の掲示板と個人名の掲示板を使い、更に荷主毎に分ければ、各人が行なっている業務内容や進捗情報が摑《つか》める。

②作業の効率化

荷主や船積み毎に明細が違うとはいえ、業務の基本的な流れは共通している。この共通部分のルーチン作業の無駄を省き、効率を上げる必要がある。当課の主業務は荷主の輸出入作業に伴う貨物の国内移動・船積み・通関の手配及び書類作成である。これらを如何《いか》に迅速且つ確実に行うかが重要であり、効率化に向け取り組むべき課題だと考える。具体的な案として、次の事項を挙げる。

イ．コンピュータ入力作業の単一化

各業者への指示書・通関書類・請求書・下払い表を作成するにあたり、同じ情報を入力または項目ごとにコピーしている。これは手間と時間が掛かるだけではなく、間違いや書類の不一致を起す原因となっている。関西支店では輸入の指示書で入力した情報が請求書データに連動するシステムを導入済みであり、当課に於いても同システムが徐々に導入されているが、もっと踏込んだシステムを構築したい。当課と東京本店・大阪南支店及び国際貨物部との間で互いに業務を委託する件が多い。最初に入力された情報を次の部署が流用、情報を追加し活用する。また、各業者や顧客への連絡用に、その情報を引用しコメントを追記してからプリントアウト若しくはEメールが作成できればと思う。

ロ．連絡・手配確認方法の統一化

日常業務を遂行するうえで、手間と時間が掛かるが欠かせないものが各業者への連絡・手配確認である。一番怖いのが〝したつもり〟で気づいた時には手遅れになってしまい、結果として当初の予定通り船積み・配送等ができなくなることである。荷主に迷惑が掛かり、最悪の場合は他社に変更されることになる。この作業を簡単且つ確実に行うために、連絡先毎に依頼方法を統一し業務課全員で共有することを提案したい。

具体的な方法として、前述のシステムからの情報を決まった書式に変換し、必要事項を追加することで入力時の手間と間違いを回避し、依頼される業者としても確認が容易になる。この確認が取れる若しくはこの作業が不要である旨の入力をしなければ、次の段階に進めないようにしておけば、忘れる心配が無い。更に作業予定日時と連動した警告機能を設ければより一層機能的なものになる。

当支店の規模は大きくなってきており、今後も益々《ますます》増大するのは間違いないと思われる。これからの当支店に望まれることは、より良いサービスを如何に効率良く提供し、同業他社との差別化を図るかである。その為にはこれまでのような人海戦術的な形ではなく、組織的に行動できる体制の確立を目指したい。

本受験者は細部に目が行き届いている。要点を羅列して解説していく形式ではあるが、そこにはかなり詳細な具体案が提示されている。

このように、論文に表わされる提案は肝要であり、また論文の眼目、重要な核になっていく。しかし、挙げられた項目を見てほしい。すでに他の受験者のケースでも指摘しているように、どこの企業でも求められているような既定的なことを踏襲的に述べている。

情報の共有化。これはどの企業の論文でも見られるタームだ。これに肯定的である受験者は多い。

しかし、皆の持っている情報が一致するということ自体、そのなかにある問題に入り込んでいけないということだ。皆が肯定していることを踏襲的に述べる姿勢、これは課題の検証力の不足だ。自己を問題点に対峙《たいじ》させていく姿勢が欠けている。一般的に正しいといわれている目標に対応していく自己現場の取り組みを述べていけばいいという論文姿勢からは、オリジナルな見解のもとになる論点は生まれない。

たとえばこの情報共有化しかり、コンプライアンスしかり、権限委譲しかり、効率化・合理化しかり、経費削減しかり、率先垂範しかり、他の多くの言辞においても、皆それが日本の企業の絶対的な真理のように思っていることは困ったことだと思う。

それはなぜ一般的に是認され、必要といわれるようになったのかということを理解して思索の対象にしておくことこそ必要なのだ。

その程度のものと考え、すでにそれらのタームが一般化していくなかで、次の段階の問題の派生などを考えていくことのほうが先進的というものだ。

情報の共有化は本当に必要なのか。それぞれが独自の情報を有し、その差があってこそ個性や能力の差が生まれる。情報の共有化とは与えられるものの一律化に過ぎないのであり、情報の消化やそこからの展開に関しては個別の活動でしかない。

情報の共有化という言葉が浅薄にとらえられると平準化と同調論になっていく。これは今の企業人にとっては差を感じなくて済む分だけ居心地のよいものになるだろう。知らないよりは知っていたほうがいいという単純な論理になる。

しかし、自己の現場での鋭い洞察や問題意識を持つ人物ならば情報の取捨選択やつまらぬ情報と思えるもののなかにある根源的な問題などに目がいくこともあるだろう。それこそが貴重な見解の要因になる場合もある。

本受験者は、既定指針に向かって現場での対応論にやや踏み込んで詳細に述べている。これは忠実であるとともに自分の分際を理解しているからこそなせる業と考えることができる。こういう人材は本来の思うところは時として別にある。もし自分が上層部だったらこうするという見解は別に準備している。しかしそれを論文には示さない。作り上げられた論文の構図から別の見解の存在を察していくことができる。

本受験者は現場の問題点とそこでの指針に合致している対策を具現していくための具体策を提示している。そこには躊躇が感じられない。

明晰《めいせき》にとらえて述べている。それはひとつの方策であり、他にも方策を考案していくことができる。しかしそれをあれこれ網羅してひとつを薄めていくような姿勢ではない。ひとつに絞り込んで提示、記述をしていき、アイデアを実現させるための方策を示し、一歩踏み込んだ案を提示している。

これは誠実な思索でありつつも、言外に「たとえば」という意図を含ませている。これが狡智《こうち》さなのだ。そして企業人として必要な技法なのだ。

わかりやすい人物はそのわかった範囲で理解された印象が定着していってしまう。

レッテル文化においては、一度貼られたレッテルを貼り替えることは難しい。表現をレッテルで区分し、位置付けられていくことで安心していくという文化のなかで、私たちは生きている。

レッテル文化とは評価社会である。他者からの認知のされ方が生活も人生も変えていく。これは本人の意図とは関係ない。適材適所の良質な部分と欠陥はそこに同居している。人は変えられるし、変わることができ、自身も変わりたいと思っているという前提があったとしても、その前提はあまり考慮されないのが評価社会なのだ。

それをもわかって評価社会で階段を昇っていくというからには、周到な自己の戦略と他者の認知の基準への洞察がなくてはならない。これにはしたたかさや、健全なずるさがなくてはならない。すでに高度の管理社会とあまり考えない者たちが指導部にいる段階では、状況を熟知してその先を展望し、自己の指針としていくぐらいの気概や戦略があってしかるべきだ。

本受験者はそれぞれの解説のなかに現状の問題点を提示しつつ丁寧にそれぞれに対処している。

物流関係の企業だ。人海戦術から組織行動体質への転換を目論《もくろ》んでいる。それにはさらに吟味が必要になる。

本受験者は現在の人の能力や意識のばらつきとその統一が難しいことを知っている。統一でさえそれはひとつの打開の手法であり、本来は多様で高質の人海戦術が展開できるならばそれはそれでやっていけるという考えも持ち合わせている。

今日の企業を真摯に見ている者は、できる者もできない者も混在した、学級崩壊といわれている学校と似たような体質を企業が持ち合わせているという現実を認識している。その現実を直視していくならば、意思の統一や共通土壌の形成ということは現場認識としての必然になる。

しかし、その認識を鵜呑《うの》みにしてはならない。これほどまでにいろんなことを試してもなかなかできなかったのだ。だからこそ指標として挙げることを考える。いってのけるだけの見識と、現状を真摯に見つめたうえでなんとかしていく方策を考えていく見識とでは、後者の方が論文としては表層的な見劣りはするかもしれないが、実をともなっている。実をともなった論文に高い評価が与えられ、現状分析力の高い人材が昇進、昇格していくべきなのだ。これは私の考えだけではなく、四〇〇社近い人事の担当者との合意でもある。

人事担当者もまた巧妙にしたたかに、組織内で表現はあいまいにしつつも今日の問題点を見抜いて今後の対策を考えようとしている。

その意味で本受験者は、現場に対する精通感、社会人として必要な狡智さ、そして誠実な思索展開によって着目すべき存在として位置付けられる。

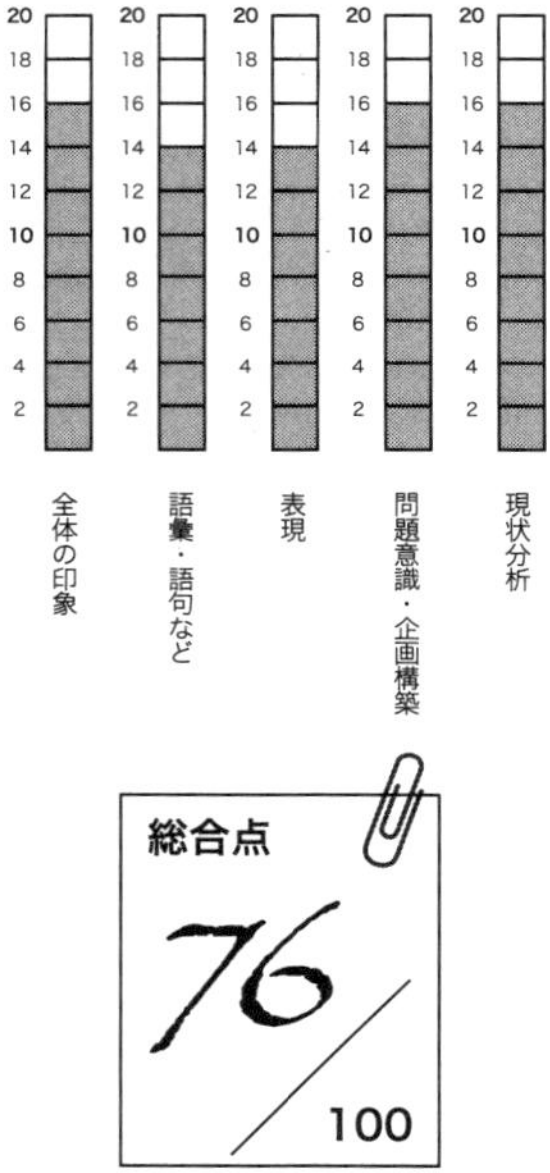

問題意識を今後の展開につなげよう

事前対策に重点を置いたリスクマネジメントの仕組みを全社的に構築・稼働させることを目標とし、そのために順を追ってなすべきことを提言したい。

当社グループには危機管理規定・危機管理委員会があり、緊急時のコールセンターも設置されている。その点で当社グループの危機管理レベルは比較的高い方だと思われる。しかし、従来の危機管理は事前対策について謳《うた》ってはいるものの、どちらかと言うと危機が起こったあとの対策に重点がおかれているように思われる。本来、リスクはビジネスのあらゆる局面に潜在している。これからの低成長時代には、事後対策ももちろん重要であるが、事前にリスクを察知し、コントロールできることが、企業の生き残りの条件になってきていると思う。理想的なあるべき姿は、全社員が業務のあらゆる局面で大小さまざまなリスクを意識し、リスクと費用あるいは利益を比較検討しながらビジネスを遂行する。そしてリスク対策を常に検討し、更新する、という状況だと思う。リスクマネジメントが徹底していれば、ひいてはリスクをチャンスにすることすらできる可能性がある。しかし、このような理想的なリスクマネジメントシステムを一気に構築しようとしても難しい。そこで、次の4つの手順を逐次実行していくことを提案したい。それは、①専任組織の創設②啓蒙《けいもう》活動③全社的リスクマネジメントの実践④社外の専門家による問題点の調査と対応である。以下にその4つについて説明する。

①専任組織の創設

まず、リスクマネジメントの専任組織を創設することを提案したい。リスク管理は本来各部署が業務遂行と並行して行うべきであるが、事前のリスク管理を充実させるためには、常にそのことについて考えている人が全社に何人かは必要である。この専任組織の役割は、危機管理委員会の常設の実行部隊として、リスクマネジメントの研究・企画・普及、および全社レベルのリスクマネジメントの実行を担うことにする。当社くらいの規模の企業にとって専任組織を新設するのはかなりの負担であるが、リスクマネジメントの重要性は、それに値すると思う。また、専任組織の創設は、経営者がリスクマネジメントを重要視していることのアナウンスにもなる。

②啓蒙活動

さて、第二段階として、この専任組織が最初に取り組むべき仕事であるが、それは人権啓発室のような、社員に対する啓蒙活動であると、私は考える。私は私自身が情報システム部門で新制度の導入や標準化に取り組んできた経験から、制度が確実に機能するためにはまず社員の教育・普及活動が必要だと思っている。特にリスクマネジメントにおいては、社員一人一人の意識が極めて重要である。

③全社的リスクマネジメントの実践

半年くらいかけて啓蒙活動した上で、第三段階として、リスクの洗い出し、リスク評価、リスク対策の立案、実行ということを、全社員を巻き込んで行っていくべきである。リスクは業務のあらゆる局面に存在しているため、最終的には全社員が自らリスク管理を行う必要がある。具体的な手法には色々なやり方があるが、決定版になるようなものは存在しない。しかし、手法よりも、全社員が真剣にとりくむことが重要であると思う。一方、個々の業務からは導きだせない全社的な課題については、リスクマネジメント専任組織が担うこととする。

尚《なお》、全社にリスクマネジメントを普及させていくひとつの手順として、モデル事業場の選定というやり方もある。私が所属する情報システム部門は、コンピュータが故障しやすい存在であることから、障害が起こった時の対応を常に考慮して仕事を行ってきた。したがって、リスクマネジメントの考え方にスムーズに入っていけると思う。そのため、情報システム部門をモデル事業場にするのもよいのではないかと思う。

④社外の専門家による問題点の調査と対応

第三段階が稼働し始めたら、第四段階として、社外の専門家による診断をうけ、社内にいては気がつかない問題について手がけていくとよいと思う。（たとえば、会社の社風に起因するリスクといったようなものは、社員ではなかなか気がつかない。）

以上の4つの段階を着実に実行していくことにより、リスクマネジメントを当社グループ全体に根付かせていくことができると思う。

本受験者は段取りを述べている。ここに企画書と同質の論文姿勢が具現している。これは内容はともかく、着目すべきポイントだ。

確かに項目として挙げていることは、一般認識の土壌に成立しているものだ。項目に新鮮さは見られない。しかし前回の論文で示している通り、隠れたスーパーエリートは巧妙に世間の流れに沿う形を選択していきがちだ。本受験者がスーパーエリートのレベルにあるのかということを厳密に議論することは別の機会に譲るとしても、その一端は垣間《かいまみ》見られる。

本受験者もまた現在の日本企業の社員の持っている根幹の問題点を感じることができる。それがあるから一般的な認識を踏まえた企画になり、言辞になっていくのだと考える。彼は「わかっている人物」ということになる。こういう資質の持ち主に対して、私は確信犯という言葉をよく使う。悪い言葉のように聞こえるが、好意的な分析表現だ。

冒頭の状況認識がまず明晰である。社の現状に対して問題提起をしている。危機管理というのは事後ではなく事前策に重点が置かれていくべきだと本受験者は主張する。

事後対策についての異論を唱えているのではない。今日の読解者はあからさまに反論することを心理的に拒否している。相手のいうことは評価しつつ逆側の立場に立つ、という姿勢が多く見られてきている。七〇年代や八〇年代の議論や主張のぶつかりあいのなかで指針を生み出したところとはその辺が相違している。

大人しくなったというよりはケンカをしなくなったのだ。融和を心掛けていくようになった。これがいいことかどうかは意見が分かれるところだろう。結果として日本の組織内での議論は減退している。派閥間の抗争も水面下ではしのぎを削るが、表層は静かになりつつある。その分表現は多面的になっている。

表に現れる面と裏側に隠される面が多層化してきている。

巧妙ともいえるが、それをコントロールしていく自己の管理機能、それこそ自己のリスクマネージメントの力量にはやや疑問が残る。

本受験者はそこに確信犯の要素がある。その実証として、段取りはあっても語る立場は客観的であり、一定以上のレベルには踏み込まない。リスクとはというような、具体的で議論が分かれるような領域には踏み込まない。

「洗い出し」という方向で表現の流れを作る。大まかに設計図を示し、図式的に展開させている。

リスク自体について、論文中で語るべきだと論題についてとらえることもできるが、本受験者の場合はそこに本来の眼目はない。

核心は全社員的なリスクについての認識の徹底と自己管理にある。リスクについて具体的に語るだけでは本受験者の意図が尽くせないし、論題に正対していかないから、この図式展開をあえてしていると見るべきだろう。

企業のリスクはその存続に関わり、株主たちの利害にも企業構成員の生活にも関わる。これは競争力と開発力と防衛力が一体にならないとできない。

個々人の意識が頼り、甘え、すがり、委ねていくものだとしたらこんな困ったことはない。最近は責任転嫁の姿勢が横行し、潔く責任を取った者をババを引いたなどと揶揄《やゆ》している者もいる。こういう手合いが多い組織は確実に内面から崩壊していく。思想や美学が欠落していく教科書通りのマニュアル組織とただの保身の文化は必ず崩壊していくと、私は考える。

その意味では本受験者の見解にはまだ甘さがあり、形でしか語っていけないところに物足りなさは感じられる。

わかっているが、その精度と掘り下げ方は今ひとつ。これはまだ組織人としての感覚が脆弱《ぜいじゃく》なせいでもある。

本受験者の段取りには的確性がある。これはひとつの企画を構築し推進していく上で妥当な平衡感覚を有しているという証《あかし》でもある。ここに気配りは覗《のぞ》かれる。また視野の広さも示している。

段階的に構想を練り上げていくことは今日の企業人の企画力としては不可欠だ。自己の現場性のみで語る現場実務人の健調さも必要だが、そこからより高次の視点でひとつひとつの問題意識をもとにして企画構築をしていく力量も求められる。

本受験者の現状認識はマニュアル的な思考から生じているのではない。本人の問題意識が起点になっている。

しかも、何をしていくべきかが明瞭《めいりょう》だ。専任組織の問題はその成否を問うものではあるまい。専任組織はあってもいいし、現存部署の改組でも作業の追加でもできる。あるいはプロジェクトチームを作ってもいい。

そんなことはたいした問題でも本受験者を読解していくうえでの要点にもなるまい。一つのケースとして提示しているだけのことだ。分析は常に言外の本質の意向に向けられなくてはならない。

本受験者は基本的に優秀である。一般的な組織人の枠内の発想にとどまりながらも、何か可能性を感じさせる。

もしかしたら、このままで終わるかもしれない。それは周辺がそうさせるのではなく、本受験者自身の問題だろう。

よって以下のように評価をした。私としては甘いが、コメントは厳しくなる。

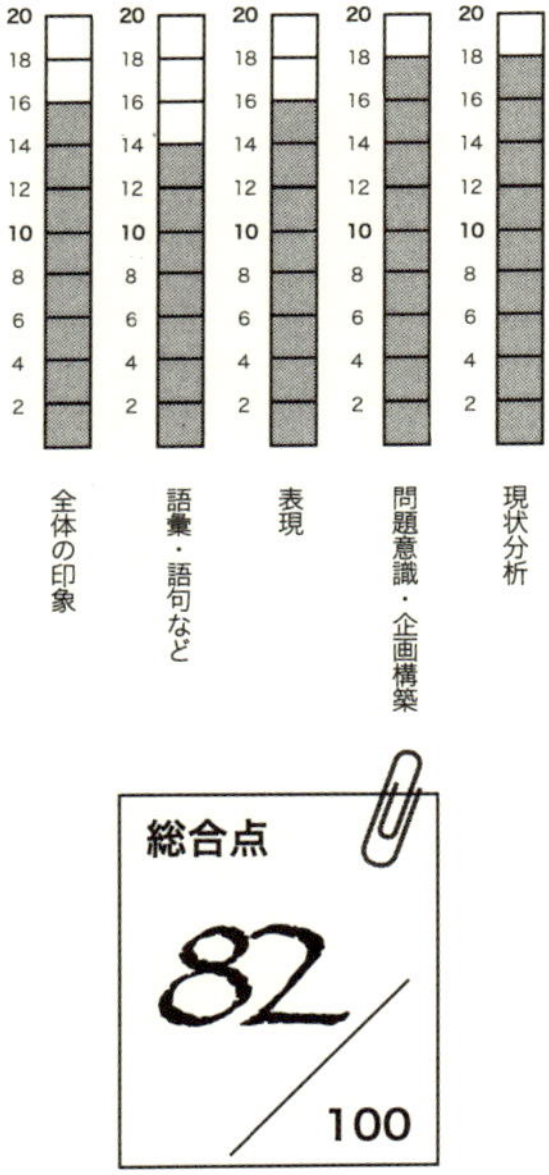

二　論文試験八つのチェックポイント

私は論文の採点者ではない。それよりも読解者でありたいと常に考えている。しかし企業の現状は、数値に置き換えることを求めている。こちらも所詮《しょせん》は数値も言語という認識があるから採点もすることになる。

当初は採点だけだった。しかしその数値に表わせない領域をコメントとして返却した時に人事担当者はその意図を十分に理解してくれて、分析と採点を合わせて行うことになった。

受験者を数値のみで判断するか、論文から読み取ることのできる今後の可能性に重点を置くかは人事担当者の判断に委ねている。

私はそこまで介入する気はない。人材を見いだして磨きを掛けていく際の必要事項と留意点を提供していくことが私の役割だ。それは実は強烈な問いかけでもある。子どもたちや大人たちを見続け、国の基幹企業の実態を人の側から、言語という表現フィルターを通して見ている唯一の専門者の立場としてしなくてはならないと思っているからだ。

論文分析から発展して、採用試験や研修、面接など政策顧問として、私を位置付ける企業もある。

従来の人事考課では人はとらえられないし、育成のビジョンも管理の方策も見えてこない。トップが替わればいいというものではない。人事政策の根本が意識動向の変容と今後の企業の在り方をめぐって変えていかなくてはならない。それは必ずしも大幅な変革ではなく、旧来の日本の持っていた組織の強靭《きょうじん》さを再認識していくことになるかもしれない。

従来のエリート層は根本的な改革を求める。これは今日では混乱を呈していくことになる。それがパフォーマンスなら、ガス抜きとしては一定の効果がある。

集団主義の悪弊もあるが、よい点もある。個人主義や実力主義のよいところも悪いところもある。これらはその企業風土、構成員の資質と意識、業種などによって個別に検討していかなくてはならない。平面的に理論をあてはめても、それがうまくいくとは限らないのだ。

企業は、少数精鋭であったとしても常にトップを目指していくものだ。ただそれが商品力か販売力か品質なのか、目指すべき方向も異なってくる。

かつてのように何でも大きくして、全国を制覇して海外に進出していくことが必然だという発想が現在にそのまま通用するわけではない。

大きくすることではなく、その企業に合致していく方策を見いだして着実に展開していくことこそ肝要なのだ。論題にもあったが「将来に亘って勝ち組」というのは、それをも疑問視していくことが実は必要なのではないか。

一旦《いったん》負け組や死に組になったとしても、それによって将来に亘る強靭な企業体が再構築できることだってある。

入社できれば安泰だと考えている新入社員たちは、希望する企業に入ればおわりという大学と似たような感覚を持っている。どこにいっても安定というものはないという認識がそもそも欠落している。しがみついて朽ち果てる人材。そんな構成員だけなら企業の先は真っ暗だ。

サラリーマンも経営者だ。定時収入が入る見通しが一定期間ある個人の事業主なのだ。その感覚があれば、金の動かし方ひとつにも哲学ができあがる。

金があって経営するのではない。それを引き寄せて回転させていく技術が肝要なのだ。

そういう感覚が経営に通じていく。近代経営とかいう思想はひとつの方法として時代と状況への対応として取り入れるべき手法であって、それがすべてなどと考えているならば、今後も決して強靭な勝ち組路線は獲得していけないだろう。個人の体験としての成功や失敗の経験が残るだけだ。

そういう水準から脱却していくべきだというのが私の率直な感想だ。

論文から何を見るか。読解者が人の背景や状況認識や土壌を摑むことは当然のこと。その上で、その固有の組織にいて固有の職域にいる存在としての資質や力量を見ていこうというものだ。組織や立場にふさわしい人物かどうかということが基本になるのではない。

それらを論文からどこまで読解できるか、分析できるかを、私は目指している。

〈現状認識・状況認識・分析〉

論文評価の基軸のひとつは現状認識だ。そして状況認識だ。

今の自分がどういう場に置かれているかという世界の認識と周辺の認識がどの程度のものか、どの程度の精度か、もともとそういう世界を有しているか、見ているか、述べようとしているかということも含まれる。

そこから進んで現状分析や状況分析の水準も問われる。これらは実際に論文に書かれているかどうかはたいした問題ではない。書いても書かなくてもその水準は見えるものだ。

認識と分析とは違う。たとえば、自分のいい時代や状況を知って理解している領域が認識になる。状況をどうとらえていて、どういう質のものとして考えているかということが分析になる。

分析して理解したものが認識になるという考え方は一般的だが、論文はそこが逆転する。認識から入り、それを分析吟味して検証していく過程があって、次の認識に到達していく。

論理の整合性などにしばられて完結させることのみに目がいくと身動きのできない論理展開になる。

実務論文では展開性や発展性が求められる。なぜなら基軸に柔軟さが必要だからだ。「私の見解は正しい。なぜなら」と理論をいくら作り上げても、実際の機動力がなくてはならないし、現実社会は常に変容と調整が求められる。真理を語って論理の整合があって、論証する。論理的で正しいと思っていても、その理論が実際に活きなくては意味がない。

だから実務論文を学者論文と履き違えてはならないのだ。むしろ現場にそくして、現場の可変性を読み込んで考える過程を述べて、そこからの展望の角度を示していくことが必要なのだ。根本や前提認識は確固たる土台を持っていても、見解に凝り固まり過ぎることはかえってマイナスになる。

よく理科系の技術職や研究職の受験者は専門分野の論文を書く。しかし、それは学会発表の場で必要とされる論文であり、昇進昇格論文ではむしろ妥当性と偏狭さを疑わせる。

そこにいる自己の仕事ぶりをテーマとした論題は、専門的な研究の技量とは異質の能力を問うているものとして理解すべきだ。

〈問題意識〉

次にもっとも重要なのは、問題意識だ。問題意識がなくては論文は書けない。テーマは質問ではない。テーマから、そこに含まれている問題点を発見していく姿勢が重要なのだ。テーマに対する回答であるなら、意見と根拠と解説で論文はまとめられる。

問題意識といえば自分は正しいが経営者がおろかとか、上司がおかしいというような批判や愚痴を疑問や問題とすり替えていく人物もいる。しかし、もっと根本的なものが論文には表現されなければならない。

それは「これでいいのか」「このままでいいのか」と、現状を疑う姿勢である。この姿勢が、問題意識を生み出す。

道を歩いていても、問題意識を持って歩くかどうかで違う。たとえば、新宿の雑踏で雨になったら道の色が変わるというのはどうだろうか。雨のついでにいうなら傘。なぜ何百年も傘の文化なのだ。携帯のペンサイズの傘はできないものか。あるいは自動車がここまで技術が進んでも相変わらずワイパーがある。これに替わるものはできないのか。雨をコントロールする。台風や地震をコントロールしていくことはできないものか。こんなことは荒唐無稽《むけい》と思うかもしれないが、実は大切な発想である。

つまりは問題意識が基底にあってアイデアが生まれる。企業人とは、創造力や発想が常に求められる。現状を当然として受け入れる姿勢には、企業人としての資質を疑わざるをえない。

いつも満足せず、疑問を感じ、どうしたらいいかを考えていく思索の姿勢が日常になくてはならない。

「なぜ」「もしも」「どうすれば」と考え続けることを問題意識として括《くく》っていくことができる。見解とは問題意識によって成立していくものなのだ。

企業論文を見ていて感じることは、その肝要な領域を空洞にしたままの人材がいかに多いかということだ。

問題意識が大切だと評価の際に微細に書き送った企業がある。次の年には「問題意識は大切だ」「問題意識を持つべきだ」「問題意識が不足している」とほとんど全員が書いてきた。一人も実際の問題意識を文章に書き表わしてはいなかった。人事担当者もわかっていないが、受験者にわからせる工夫もしていない。研修で徹底した講義と訓練を施した結果、ようやく論文らしくなった。

問題意識は文章表現のすべてにわたってとらえていくことができる。その精度、質、対象、深度、そこからの派生、展開……、というあたりにもその水準が見てとれる。現実の自分は現状に満足していてもいい。しかし、論文の場合はあえて問題点を導いていくぐらいの深い思索がほしいものだ。

〈問題点の抽出〉

問題意識から抽出された問題点が論文の題材や素材となっていく。ここには着眼着想の水準がとらえられる。

素材の選択や吟味その有効な配置などは論文の展開・構成上の要点になる。問題点は実は課題をも決定していく。「部門の課題を挙げる」というようなテーマの場合にはそれが目標として考えられがちだ。しかしそれでは浅い。本来は諸問題をとらえた上での目標であるべきで、現場にその目標をどうあてはめていくかを考えるだけではない。目標の立てられ方自体にも当然目がいくが、これらは問題点とのすりあわせが必要になる。論文は、思いや感慨やあるべき姿を述べていくものではないということはこれまでも述べてきたことだ。

問題意識と問題点。この二つは分けることはできない。問題意識が問題点の水準を決める。低い問題意識は相応の問題点しか導けないものだ。これが見解をも規定していく。どちらかの要素だけが突出していくということは、論文の場合はあまり考えられない。

ただ問題意識を浅薄にとらえて、社員が問題意識を持つことを嫌う企業もある。会社に文句を付ける、理屈っぽい、粗探しなどというレベルでとらえてしまう。

思索の持つ必要性についての認識の甘さがこういう状況を招いている。

最近では多くの企業が理解を示しつつあるが、それでもあまり問題意識を持たれては困るという企業もある。これにはそれなりの理由がある。社員全員に参画意識を持たせていく方針ではないということだ。一定範囲をそこそこにやっていてくれたらそれでいい。それ以外は知る必要も考える必要もないという発想だ。これはある意味正しいともいえる。人には能力の差というものが歴然としてある。表現教育の現場では、その差が如実に表れる。人の持つ器もあれば理解の限界というものも、考える限界というものもある。いくら方法を教えても、展開回路を示しても、錬磨してもここまでか、ということがあるのだ。

そこから私が論文を読む際の尺度が作られたのではないかと思うことがある。私は論文の分析の際、分際とか節度という言葉を多用する。能力の差を自覚していないと組織活動や関係が崩壊していくからだ。

ひとつのことをやらせて一〇分で確実に出来る者と、一時間以上かけても中途半端にしかできない者はいるのだ。一を聞いて一〇を知る者と〇・五も理解できない者もいる。この差を考えずに、全員に理解させるという管理資質を求めていくのは難しい。

手とり足とり教えるのは大変な労力だ。ただし、それを覚えて熟練していったならば、その域での安定と能力技量の充実は図られる。それを費用対効果としてだけでなく、財産として見ていかなくてはならない。そして、人材をもっとも適した場に位置させていくことが大切だ。昇進や昇格が人の持つ分際や器を超えてしまったら悲劇なのだ。

能力は伸ばすものだ。しかし同時に常に見切っていくものでもある。この人はこの水準、この辺りが限界か、というような輪郭を知っていくことだ。それは冷たさではなく愛情だ。人を知るということの本来の意味を再確認していく必要がある。

能力以上のことはできないと本人が見切ってしまってはいけない。なぜならそこが起点になるからだ。自分はここまでかと自覚した時に、ならばどうしていくかを、手を広げ人の関係を広げて考えていくことができる。それをした人としない人には社会的偏差値の違いが生まれる。自己の今を磨いて落ち着く場を選び、時間をかけて醸成しないとならないのだ。

入学試験というものは一回性であり、訓練を積めば合格できる場合も多い。多くの子どもたちを見てきたが、考え過ぎた子どものほうが合格しにくいように思う。ということは学力偏差値で落ち込む必要はなくなる。現に小・中・高校生を見ていても、この子は思索は浅いが常識の線は崩さないと思う場合、案外偏差値上位校に入る。若いうちからとことん突き詰めて考えを進展させていく子に限って偏差値上位校に合格できない。

現代は、学歴という一面的な結果が左右するような雰囲気ができているが、評価というものの性質を過剰に信頼してはならない。

一般の昇進昇格や採用試験であっても常識問題や学力的な試験もある。その結果と論文の評定とは相反していく場合も多い。

〈思考力・思索〉

論文には思考の力量が表れる。状況認識や分析、問題意識自体に思考力や思索は体現されているものだが、文章表現としての思考力は、表現や言辞の選択、配置などによって明らかになっていく。

この人物はなにをどうとらえ、どう考え、どう展開し、どうもっていこうとしているか。文章表現には意図や方向性が表れやすくなる。どうごまかしても、どう繕ったとしてもそういう作業自体を行っているうちに思考が露《あら》わになっていくものだ。仮面を付けることさえも思考による結果だ。

何かをしようとした意図に思考の現実が表れる。意図を貫こうとしていることもまた思考だ。

思考力とは考える力と換言されて受けとめられているが、考えるということを真に体系的にとらえていくことはなかなか難しい。

考え方を覚えて方程式に合わせて回答する。そこから自由な発想を巡らせ思索をしつつも、結論の際には良識の範囲を逸脱しない。思考の際には、そういう一連の作業が求められているのだ。

よくいわれる例だが「氷が解けるとどうなる」という質問に「水」と答える子どもが多かった。一人「春になる」という答えをした子がいたという。この話を読んだのは、本だったか新聞だったかは覚えていないが、それが理科の時間であって春という答えや発言は正解ではないとか、それでいいのかとか、教育の画一性や正解がひとつというのは問題とか、皆がそんな見解を語っていた。

私は教室でこの質問をしてみたことがある。確かに、子どもたちはまず「水」と答える。しかし、場面を設定していくことで一気に多様な答えが生まれた。スケートリンクはプールになる。南極や北極の氷が解けて地図帳が変わる。アルプスから死体が出てくる。天井がなくなったとドジョウが思う。氷柱《つらら》がナイフになって地面を攻撃する。冷蔵庫が水浸《みずびた》しになる。ジュースが薄くなる。キャンデーが棒とジュースになる。新学期がはじまる。桜が咲く。オレは中学生になる。点（、）がなくなる。何回か問うていくうちに、ここに書ききれないくらいの回答が生まれた。

春という答えは触媒だが、そこでの問題は「水」というわかりきった答えをみんなが理解しているという前提をもとに、どこまでその先の発展を考えていけるかということだろう。それが可能であるかどうかが実は問われているのだ。

場面を設定しないと思索は進展しないということがある。なぜなら私たちは場面に言語をあてはめることで言語表現をしているからだ。

実務論文の場面とは自己の現場であり、そこでの自己であり、あるいは状況である。場面は空間を切り取ったり、合成したりなど、自由にイメージのしかたを変えることによって多様になる。

それが言語に置換されたり、また再置換されたりということになる。場面を変化させていくことは思考の方法論のうちのひとつである。

しかし、思考が硬直化している人たちは、現実の場面をそのまま語るだけになる。現実が変わるはずはなく、そのなかに自分をどう当てはめていくか、居場所を確保していくかのみに関心が向く。自己の周辺が変わりようのないもののように錯覚している向きがある。

他者と同調する社会は、人と同質のものを見ていくことで安心を手にする。裸の王様が行進する社会では、自分が見ているものをそのまま口にする子どもがいたとしても排除されてしまう。

目の前にコップがあったら、それをじっと眺めて、そのコップが笑い出し、耳を伸ばし、口を開き、あるいは肥大し、凝縮し、原子に分解され、そこに宇宙を見、色を変え、形を変え、何かとくっつけ、何かを取り除き、変身させ、どこから放り出し……ということを実際に試してみることをおすすめする。

その作業が思索であり、それがどの程度までやっていけるか、やろうとしてもできないか、自分がこわれそうな予感がして拒否するか、こういうこと自体がバカらしくてできないとするか、実はそういうところにその人の思考力の水準と限界と可能性が求められている。

企業活動は還元すれば「生産（開発）」「流通」「防衛」になると言える。そのいずれにも開発性・思索の躍動や発展がなくてはならない。まねをしていくことも大切だが、そのうえで独自のものを生み出していかなければならない。これが思索の柔軟性が必要な理由だ。

思考力を付けようとか、柔軟に、というスローガンは必要ない。今日の企業人・大人たちは柔軟性を具体的な方法論とともに獲得していかないとならない。これを持っている者と持っていない者とが真の能力者とそうでないものとを切りわけていく。

私の体験でいえば、九割の受験者は思考力を確保していない。思考力が必要だとさえ感じていないように思われる。

本当の意味の自己啓発は語学でもスキルでも資格でもない。こういう基本中の基本を確実に伸長させていくことでしかない。独創性や新たなアイデアなどは思考力を基盤に生まれてくるものだ。

〈論理性〉

論理性というのは整合性だ。ひとつひとつの理論を積み上げていき結論を導き、それを論証していく過程の総称だ。

しかし、整合性と矛盾のなさを重視するあまり、現実的でなくなり、文章の正当性のみに注意して論文を書く受験者が多い。論理や体系立てて考えることの必要性とその限界というものを知ったうえで、考えは深まっていくものだ。

論理的思考が必要だといわれれば、必要性を考えることなく、すぐに実践しようとする人物も多い。素直さは評価するが、そもそも何のために、どういう目的で論理性を発揮するべきかということを前もって考えておかないと、現場にそくした柔軟な思索をすることは難しくなってしまう。

論拠と結論を整合させるだけならば、それほど難しいことではない。何かを必要と判断する根拠や必要性、原理や原則が守られない事例や諸問題、問題点が引き起こす局面や効用などを用いて、結論を構築していけばよいからだ。本来はそれぞれの素材に対する疑問や検証も必要だが、そこまでのことを論文に書き表わす人物はあまりいない。

多くの受験者は、見解を構築できたと判断した場合に「確信している」とか「信じている」という文言を使う。しかし、思索を続ける者にとって、「信じている」という言葉は思考の停止を意味する。当然のことさえも問い直していく作業が考える段階では必要なのであり、そこで「信じます」と断言してしまったら、その先には進めない。そして「信じる」といった時点で思考は停止してしまう。

思考の方策として動詞に着目して分析している私は、たとえば「＋」という記号に注目する。この記号をどう現場場面に置換していくかといえば「加える」「足す」というだけではないだろう。「出合う」「握手する」「ぶつかる」「重ねる」「つなぐ」「ひきつける」「合体していく」などといった多様な意味を持つことになる。数式も論理性の具現であるから、言語表現として思考の方法を提示しているものとして私は理解する。

AとBが「＋」という局面になった場合にCという状態・場面とイコールになる。そういう思考の方法の最小限の合理化されたマニュアルが数式だと考える。これは作文にもいえる。現実にはこのような場面はいくらでもあるが、数式は数式という理解が横行していて、思索の方法としては活用されていない。言語は数値をも含めて置換されたものなのに、それを他の場面に置き換えて、あらためて言葉で表現するという作業を苦手とする者は多い。

昇進昇格論文の論理展開の本質は、

自己の見解
←
根拠や理由の提示
←
事　例
←
事例を多角的に吟味検討する
←
結　論

という要素として理解しておけばよい。

これを「なぜ・たとえば・もしも・だから」という「なたもだ」要素だと、私は教室で子どもたちに教えている。

論文としてはこれらの本質を踏まえた上で、他者による理解を促すための論理構成、自己の見解を浮き彫りにしていくための論文構成、自己の見解・主張の背景・前提認識・展開・結論化という回路の明快さ。それらを論理としてとらえて見ていく。

本来はその思索の根本にある、見解や状況認識や問題意識を表現していく過程に包含されている論理能力こそが肝心なのだ。しかし、多くの受験者はそのレベルに到っていない。またそこまで考えてきた経緯も乏しいように思える。

よってよほど深く考えている人物でない限り、文章表現上の理論の展開に注目して採点している。

よく我田引水の傾向を目にする。それは決してマイナスとはいい難い。強引な論理構築力も場合によっては評価できる。

ビジネスシーンでは、強引であったり、こじつけであってもそれを納得させてしまう力量というものが必要な時がある。たとえば、会議などの場面では、必ずしも論理的で正当性や整合性があれば相手を納得させることができるというわけではない。非合理的、不条理な提言であっても、実際の現場では成功していることさえある。

経営や企業活動が法則にのっとっているという考え方は現実を見ていない。論理的に展開しているということも疑問の対象になる。法則というものは後から作られていくものだ。だからこそ、法則に縛られていくのではなく、より創造的、生産的な打開策が常に提起され推進されていくべきだ。みんな知っている通りのことをやっているだけでは、本来競争とはいえない。

学校教育の延長線上にある、論理展開の「正しさ」を教えていくのはその程度の水準さえも持たない者に対してであって、それでさえ指導方法には抜本的な対策が必要なのだ。

〈企画構築力〉


論文としては、明快な説明とともに、提言性が求められる。

前述の「(何を) どうする」という領域だ。提言性が足りないと、自己の解説か決意表明で終わってしまう。

提言の内容は、誰にでも考えられるような企画であってもよい。独創的な提言であれば評価は高くなるが、追認的で既定路線の踏襲に過ぎないものだと、提言性の評価は低くなる。

これまで多くの企業活動は防衛に走り、自己職務を着実に消化していけばいいという前提だけで推進してきた。その結果、行き詰まっているのが現状だ。

だからこそ真剣に、果敢さや積極性、適度な冒険性が求められる。現実の仕事の問題ではなく、論文の世界であるからこそ、よけいに積極的な提言が求められるのだ。

多くの受験者には、提言が目標としてとらえられてしまい、論文の結論が、「頑張ります」「努力します」で終わってしまう。あるいは当該職域での目標をなぞって述べるだけにとどまってしまう。

提言は、自分の問題意識を基軸に組み立てていくことが肝要だ。それは現場の問題点の改善でも、目標達成のための段取りでもいい。現在の展望をささいなことでも論文のなかで述べていくことが大切だ。

提言は、仕事の本来の要諦だ。与えられたものをしていくことが仕事だというのは心得違いであることは、すでに皆承知していることだろう。何も企画せず、提言せず、自分の意見もいわないままで組織を生きていけるとしたら、その能力はたいしたものかもしれない。だが、確実にそういう人物は排除されていく。やったふり、いったふりをしている者もそうだ。

論文の場ではできるだけ創造性を発揮することだ。それが現場での企画構築力につながる。

ひとつの企画を作り上げるためには思い付きのアイデアを述べるだけではいけない。なぜ必要で現状はどのようなものか、何をどうしていくことで実現するのか、それは本当に可能か、その効果と考えられるデメリットは、その対応策は……というようなさまざまな要素を一度ばらばらにし、あらためて組み立てていくことだと考えればよい。これ自体が論文の骨子になっていくこともありうる。論文もまた企画構築なのだ。

企画構築力は意志の強さや能動性、積極性などにも関連している。なにを提言しているか、構築しているか。多くの受験者の論文には企画構築力が乏しい。問題意識から解決策までの距離が短すぎる。自分で考え出す代わりに、理念などを根拠にしてしまう。

解析し、吟味して、対策を講じていくことが企画構築だ。批判や意見をかわすことよりも、議論を促すぐらいの論文は、評価が高くなる。

〈文章表現〉

文章表現が論文分析の中心だと思われがちだが、実は違う。文章表現は訓練すれば上手になる。たとえば新聞のコラムを毎日書き写していくとか、いつも何事かを書き続けていくとかいうことだけでも一定の力量はつく。

よく書くことは苦手という人がいるが、だいたいがうまく文章をまとめることだけを念頭に置いてしまっている。

うまくまとめることに主眼を置き、わかりやすさと無難さを求めていけば文章表現は平凡になり、独自性が失われていく。

うまくまとめようとしていけばいくほど、言葉は抽象度を増していく。大切なことはむしろ論理を展開していくことだ。

見解を箱詰めにして包装紙をかけて提出することではなく、包みをほどいて、箱から出してその中身をあちこち見せて、そのまた中身も取り出して分解していくぐらいの姿勢が大切なのだ。

論文は作家による文芸作品とは違うから、考えていることを的確に伝えられればそれでいい、というのならそれも間違っている。少なくとも自己の内にあるものを語る作業としては同質だ。文章表現の体裁が違うだけのことだ。

文章表現について、私は多くの著書を送り出している。子ども向けの本も多いが、別に子どもと大人の違いがあるわけではないし、むしろ子どものほうが優れた思索や文章表現や指針を示すことだって少なくない。理解の範囲と素材の相違であり、書くという作業においては大人も子どもも別段の違いはない。

文章表現の力量とは、言語表現によっての伝達性、使っている言辞などの妥当性や的確性、ひとつの文章として成立する際の順当性などから評価できる。

私はその書かれた文章表現を手がかりとして受験者を読解していくのであり、文章表現の粗さや多くの問題が見られる場合は評価は低くなる。

思索や人柄などの諸要素に優れたものがあったとしても、文章表現の評価は低くならざるを得ない。

拙速な展開をする人物もいる。そういう場合は内実がともなっていれば、頭の回転の速さは伝わってくるものの、文章表現としてはさして高評価にはならない。論理展開が雑然としているものは論外となる。

首尾一貫する土台があっての工夫ならばいいが、そうでなければ混乱を招く文章になりかねない。

構成も文章表現の大きな要素になる。

これは論理性や思索とも絡んでくるが、「起承転結」や「序破急」というような作法にはさして留意しなくてもいい。むしろ再三述べている、

問題意識や前提認識
↓
問題点の抽出
↓
吟味考察深化
↓
指針の提示
↓
検　証

現場具体論←

といった要素と流れを確保していくことが肝要だ。

もちろんその形に収めればいいということでなく、必要と思われる要素を自ら構成して埋め込んでいくことも文章に厚みを増し、文章表現だけではなく、企画構築性の評価も高くなる。

本来は表現者の姿が伝わってくるような文章表現を求めたいが、これは求めるものが大きすぎる。

それよりも無機質であっても確実に要点をとらえて述べていく水準を重視する。

文章表現が上手なことに越したことはないが、ともすると今までの論文では、思索の不足や探求の不足を文章表現で補っていく感触があった。

一見文章表現力は高いが、内実がともなっていないと感じさせてしまう論文が多かった。

表現教育者としてはいいにくいが、文章表現の巧みさは常に心がける学習課題として置いておき、徹底して内実を重視すること、特に前出の要素の研鑽《けんさん》と錬磨に励んでいくことこそ肝要と思う。

さらにいえば、文章表現の要諦は相手の理解のために自分の考えをどう意図して送り出していくかにある。

人は自分のいいたいことをなかなか言葉ではいいつくせないものだ。たとえ会って話をしたとしても少しの理解の足しになるという程度だ。言葉も演出もいつも意を尽くすことはできない。

だから話が長くなったり、堂々めぐりになったりもする。あるいは口を閉ざし気味になったり、相手の誤解に委ねればいいということになったりする。子どもたちに限らず、感情の激化や行動のキレなどもそれが要因のひとつとしてあげられる。

表現上手になる道。それは読解の訓練を積むことが必要だ。状況や相手を読むことを常に念頭に置く。その訓練を積むことで表現はよりうまく機能していく。

いつも相手をわからせるということのみに腐心してはならない。逆に相手を知ろうとすることで表現力は高まっていく。

読解力を培いつつ、広く確実に伝えていくということを訓練していくのだ。そのためには、皆の理解度や背景を理解していくことが必要になる。

〈人間性〉

論文を書いているのは人間だ。論文には、機械や製品のように、一定の合否が与えられるものではない。人間とは可変性があり、感情があり、人生とその周辺に家族を持って生きている主体だ。

論文にはさまざまな人生が示される。体験や自己の趣味や事件への遭遇や左遷後の思いやうらみ、そういう感情や感慨に人間は動かされ、無機質でもいいのに自分をさらけ出してしまう。

私はだからこそ論文分析の世界にとどまっているのかもしれない。人間が書いている。同じ時代に生き、職務に精励している。文章からそれぞれの人生が浮かびあがってくる。

私の思いを正直にいってしまおう。みんな合格だといいたい。健気《けなげ》に真剣に生きているし、あれこれ文句をいいつつも生活の糧を得るために我慢して働いている。倒産や上層部の不祥事という事態になれば、社員たちは生活の糧をもとめて右往左往する。

死ねばきっと周辺の何人かは号泣する関係の中心にいる人だ。人間を分析し、採点するなどおこがましいことかもしれない。

しかし、現代社会は何者かであり続け、何者かとしての専門性や特異性を発揮し、社会に寄与していくことを求めている。

私はよく愚直とか真摯という分析語を使う。それは人間の在り方をとらえている。腰が引けている。迷いがある。安全地帯に身を置いている。怯懦《きょうだ》の質がある。果敢だが傲慢《ごうまん》、といった表現も使う。深く読み込めば読み込むほど、論文からは人間性が見えてくる。

能力は、ひとつのところに固定して、時間をかければ伸びていくものだとも言える。訓練次第で成長していく。人間性も可変性のものではあるが、人間性を正確にとらえないと今後どうやってその人物を活かしていくかが見えてこない。

意志が統一されている土壌での能力の編集やチーム化はいくらでもできる。

それには、大胆だが綿密さに欠ける、しかしリーダーの魅力がある、人を惹《ひ》き付けていくという人物と、同じような体質の人物を組み合わせたらうまくはいかない。文句をいいつつも補佐に徹していく実務者がいたとしたらどうか。一見頼りないが特定の誰かがそばにいると映える人物、これらの人物をどう組み合わせるか。論文からは、そういったことが見えてくるものだ。

人事政策はそれが要諦となる。人間の配置がまるでゲームのように行われていく。しかしそれで組織が円滑に動き、皆が楽しくやれて、チームの成果が上がるなら文句は出ない。組織とはそういうものだ。

いい奴だということはそれが支配的な価値観の場面では機能する。企業活動や組織には悪者も必要だ。ムードメーカーも必要だ。それが見えていくようなテーマや論文を課すことが人事担当者には求められている。

人間性は、点数としてはさして加味されない。その代わり、コメントとして述べている。人間性は数値に置き換えることはできないものと考えているからこそ、指摘にとどめるようにしている。

意志と気力と信念。そういうものがある論文は根が張っている。その証拠に、文章表現が引き締まっている。

書くのは自分。自分をきちんと表現していくことが本質なのだ。主語は「私」。それは、組織内ではポストや職域など、さまざまな属性を持っている。さまざまな属性を使いわけていくよりは、それらを絞り込んで凝縮して形成される「私」が望ましい。自分を形成することは時間のかかる作業だ。

長年勤めている人たちの文章表現には、体験の蓄積が感じられる。難解な言葉を駆使していなくとも、消化された安定感や自己が見えている。こういう論文に出合うとホッとする。熟練者の持つ熟達した内実が窺える。論文が自分の言葉で述べられているということだ。

若いうちは言葉に振り回されたり、言葉を振り回したりしている。それも心地よい。論文のための論文ではなく、自己の言葉による論文。これを最終的には求めていきたいものだ。なかなかまだそういった論文にはお目にかかれないでいる。取り澄ました論文よりは息づかいのある論文が、今の企業には必要だと思う。

三　実際に書いてみよう！

以下はある広告代理店の入社問題である。実際に考えてみてほしい。業界によって求められるものが異なる部分もあるが、思考力や論理性、そして資質や人格を問うのは、業種が違っても、入社試験であろうとも昇進昇格論文でも変わりはない。

あえて入社試験を出しているのは、こうした課題設定の場合には人物像がとらえやすく、今まで述べてきたことをもう一歩わかりやすく示すことにつながるからだ。

論文の書き方を学ぶ場合や評価、論文分析の方法を学ぶ場合、入社試験は原点となるだろう。

そのためにできるだけわかりやすいサンプルを用意した。

自分ならこういうふうに読むというような感覚でともに考え、ともに分析してみてほしい。

１．君のキャッチフレーズ

２．りんごが３個ある。３人でけんかしないようにわけるとしたらどうしたらいいか。考えを３行で述べよ。

３．次の題で作文を書きなさい。「**橋**」

４．今日試験に来る前の気持ちと今の気持ちを書きなさい。

この課題は私が作ったものだ。最近は入社試験に関する依頼も多くなった。

A3の用紙に課題を四問入れている。

課題によって受験者のさまざまな面が見えてくる。よってひとつだけ問題を出題するよりも、何題かを組み合わせて出題したほうが、より人物像が見えやすくなる。

キャッチフレーズについては、エントリーシートや自己推薦文などに表れる、自己アピール力を端的に問うものだ。形式は一言でもいいし、特別な工夫があってもいいが、自己像がいきいきと伝わるようなものを期待している。

りんごのテーマは、私がよく出題するものだ。りんごが三個で人が三人だから、一人一個ずつと単純に考えるだけではなく、より広い思索を求めている。

考えてみてほしい。世の中に同じものはひとつとしてない。また、平等ならばよしとして皆が納得するとも限らない。ではどうするか。どうすれば自分は、人は納得するだろうか。常識にとらわれない思索が求められているのだ。

橋というテーマはありふれている。勘のいい受験者はここまでの課題に何かを感じ取る。そういう人物は橋についても定式にあてはめず、自己を表現しようと試みる。あるいは自由に思いを述べてよい場であると感じ自己を表現していく。

ここでの作文はメインテーマのように見えるが、実は前段の二つに関連している。思考の水準や問題意識、状況認識力はすでに前段二つにほぼ書き表わされているといってもよい。

さらに、この時は試験終了後の簡単な感想を書き表わすようにした。表現の読解は、文章の長短は問わない。幾多の課題への対応とささやかな文章からのほうが人物像をとらえやすい。

文章表現の本当の力量とは、首尾一貫しているかということではない。首尾一貫した論文を書くことは、文章表現の技量でカバーできる。あえていえば常識のラインだ。人を文章から見て、より本質にアプローチしていこうというなら、人の表現の持つ幅や得手不得手や特性に着目していくべきだと私は考えている。

なお、私は読解したうえで、受験者を組織のなかで活かすための方策や方針を書き加えることがある。ここでは対策として、方針をつけ加えた。

〈回答例〉

1.「心はいつも柔和で平静　どんなことも楽しくよい方に考えよう」

2.　1人1個ずつわける。大きさの面で不満があるようだったら、じゃんけんして勝った者から好きなりんごをとっていく。もしくはそれぞれのりんごを3等分して3つをそれぞれとればよい。

3.　橋。私はかつて一度だけ、一日中橋の近くにボーッと座っていたことがある。何もしたくなくて何も考えたくない時が一度だけあった。

その日私は自分の家からちょっと離れている川にでかけ、橋の近くの川の土手に座っていた。何を考えるでもなく。しばらく私は、川の流れやつりをしている人、遊んでいる子供達をぼんやりと眺めていたが、それにも飽きて、やがて目線は次々と風景がいれかわる橋の方へとうつっていった。

その川はけっこう広く、自動車と人、それぞれ専用の橋があり、ひっきりなしに人が目の前を通ってゆく。私の横を通りすぎる車や人は、大半が〝何だこいつ〟という風に私の方をチラッとみていく。それがおもしろくて、人々の顔をじっと観察しはじめた。

人間は一人でいる時は笑いもしない普通の顔だが、とてもそう思えない無愛想なおじさん、一人で笑っている人、楽しそうに笑いあっているカップル――他人が見ていることをしらない人間ってものは幸せなものだな――ふとそう思った。と思っている間に見覚えのある人がまた通る。さっき通りすぎていった人だ。忘れものでもしたのだろうか。みんなそれぞれの場所から来て、またどこかにいくんだ。そんな当たり前のことを妙に認識したりする。

子供達の集団下校。みんな、私のことなどいちべつもせずに走り去っていく。なつかしい気分。私もあんなに小さい時があったんだなぁ。お母さんと赤ちゃんがゆっくりゆっくり近づいてくる。お互い微笑みながら。さっきの小学生の軍団の時もそう思ったけれども、こんな住みにくい世の中を未来に背負わなければならない子供達がすくすく成長していくことを願わずにはいられない。

その横を、たそがれの中、老人と孫らしき人がゆっくり通りすぎる。子供は無邪気におじいさんを気づかいながら、おじいさんは子供に暖かい優しい目を向けながら。そんなに孫というのはかわいいものなのか、私も孫をもってみたいという馬鹿な考えを持ちながら、心の中でその2人に手を振った。

気がつけばあたりはもう薄暗い。そろそろ帰ろうか。両親が心配しているかもしれない。

ふと自分の心をのぞいてみると、理由のない憂うつはいつの間にか消えていた。私は今日出会って忘れてしまった人々のことを心の片隅に思いうかべて帰途についた。無性に〝みんな頑張れ！〟と言いたかった。

4．試験にくる前も〝絶対合格する〟と思っていたから、それほど緊張はしていなかった。ただ常識問題で苦手の数学と化学がちょっと不安だったが、試験問題になかったので大分ホッとした。それに〝白紙でさえださなければ……〟といって下さったので安心した。

やっと試験がおわり、心にひっかかっていたものが8割方とれて正直うれしい気分である。

〈回答例の分析〉

(1) 自己の感情のコントロールに対して理解が深く、自己を制御する意志が強い人物であると見ることができる。「いつも」「どんなことも」など、できるだけ拡大して「あるべき自己」を規定して示している。

使われている言語のレベルはそこそこ高く、ボキャブラリーはエッセイ、小説などの読書によって主に培われたと推測される。ただし、必ずしも的確に言語の抱える概念を活《い》かしきれていない点から、表現力の未熟さ、言語認識の不足、思考の停滞、読書における深読み習慣の欠如、概念形成の不十分さなどの理由によると考えるのが妥当である。

知的で、高い水準の表現や思考をすることへの欲求は強く、それが言語表現となって表れている。

(2) 「楽しい」「よい方」といった表現傾向は、一般的ではあるが、協調、融和への思考が表れている。その点からは対人関係への配慮の深さ、人間への関心の高さがみてとれる。それらは、体験的に形成された意識であり、本受験者の場合、感情をコントロールする方法への理解を考えあわせれば、自己への抑圧や制御を前提としたものであると考えられる。

自分の考えや表現を突き離し、対象化してみる距離感の持ち主であることが文章から察せられる。

綿密な論理的思考よりも、心情的、精神的、日常的な思考の方が、本受験者は得意であると考えられる。

対人関係への配慮の高さや興味と、自己の表現に対する距離感は、人間関係の形成や処理における、本人の自信のなさによるものと推察できる。

◆対策

1　思考、視点の拡大による思考空間の拡張
2　警戒心を取り除くような、受け止める側のキャパシティの広さ
3　確固たる場で、自信が付くような評価を与える
4　強力な指導力を持つ上司のもとで、心情的結びつきを強化する

(3)　作文に関しては特に、文章力に富んでおり、友人などと心情を吐露しあう種類の表現を日常的に行っていると考えられる。

書いているうちに、徐々に表現世界に没入していく様子が見られる。たとえば、この作文の場合は自分をあたかも劇の主人公のように表現していく。自己をあるひとつのイメージに重ね、対象化し、想像上の自己を一人歩きさせる方法で表現している。自己像を多重に持ち「この場で示したい自己」になりきることによって表現を成立させている。

基本的な思考の水準は高いが、それが未発達で抑制されている。客観的に見た自己を表現することで、自己をクローズアップして表現していく。「見られる自己」への意識の過剰は、他者の視線への関心と警戒につながり、自己の意見、見解、論理的表現の育成を抑え、一般論、常識の範囲内で心情や感情を吐露している。

橋。私はかつて一度だけ、一日中橋の近くにボーッと座っていたことがある。何もしたくなくて何も考えたくない時が一度だけあった。
その日私は自分の家からちょっと離れている川にでかけ、橋の近くの川の土手に座っていた。何を考えるでもなく。

言葉に対する敏感さが感じられる。表現には、心象的な感情、感覚的傾向が強い。ややや、自己陶酔に陥る向きも見られるが、「なりきる自己」「懸命になれる自己」を強く志向していると考えられる。組織人、企業人としては安全で有能な性質の持ち主といえるだろう。

多面的、多様な思考方法、現実問題処理などの訓練が足りず、いささか精神論に傾く傾向も見られるが、この場合、旧世代の精神性と相通じるものがあり、上司、しかも年配者とは互いに受け入れやすく理解しやすいだろう。

作文中には重複や反復が見られる。自己イメージをよりよく伝えるためのこだわりが、反復の理由だ。

自己の内面の幅を広げつつ、一定レベルでの紹介にとどめている。これは適応力とも関連する。状況を感覚的に判断・理解し、求められたレベルでの自己表現を行っている。その意味では適応力があり、適度なバランス感覚を持っている。つまり、適切に自分を表現することと、状況に適応する自己像を構築することを、これまでの経験から身につけている。

しばらく私は、川の流れやつりをしている人、遊んでいる子供達をぼんやりと眺めていたが、それにも飽きて、やがて目線は次々と風景がいれかわる橋の方へとうつっていった。

視点の移動に注目すると、中心、核となるものがとらえられて、そこから周辺へと移行していく。「川の流れ」のとらえ方は情緒的であり、ここで語られているのは、単なる風景ではなく、人間に対する描写が多い。これは、人への意識の強さを表わし、対人関係への興味、自分の立場を表現している。

自分を何者かに代弁させる手法や比喩《ひゆ》、会話などは表現されず、草・花・陽・風・石……など、本受験者の目に入った風物も描写しているところを見ると、人間関係に対するゆとり、幅、キャパシティを見ることができる。

この描写は、そのまま自己と他者に対する意識という本受験者の現実の人間関係を示している。人に囲まれ、人とのつきあい、交流のなかで、心情を交錯させた日常を見ることができる。

集団の中心に位置してリーダーシップをとるタイプではなく、協調のなかで自分の世界を保ちつつ、他者との関係のバランスに気遣いをし、精力を傾けていくタイプである。

◆対策

生活のなかに文化、芸術への興味を持たせること
人間への視点を環境全体へと拡大すること

> その川はけっこう広く、自動車と人、それぞれ専用の橋があり、ひっきりなしに人が目の前を通ってゆく。私の横を通りすぎる車や人は、大半が〝何だこいつ〟という風に私の方をチラッとみていく。それがおもしろくて、人々の顔をじっと観察しはじめた。

時代の流行感覚、ムード、フィーリングに対して開かれた感性がある。自己を取りまく環境に対する適応力がある。

「私」の視点は固定されたままで文章が続いている。自己を中心とした世界のなかでの心象としてとらえてよいが、ここには本受験者の思考、性向が明瞭《めいりょう》に表れている。

それは、「見られる自己」への興味と快感である。人に見られ、判断され、関心を持たれ、話題にのぼり、評価されることへの強い志向といえる。「人の顔の観察」は、期待の表れであり、自分に注意を向けてもらうことが潜在的な欲望として横たわっている。

孤立を恐れ、他者と同質化する意識を持ち、日常の人間関係のなかで、距離感の保ち方に絶えず神経を研ぎ澄ましている繊細さを見ることができる。

また、その反面、自己実現欲求、自己異化希求を秘めているともいえる。適切な刺激や本人に対する理解が与えられた場合、この人物の自己制御は崩れ、脱皮に向かうことになる。


人間は一人でいる時は笑いもしない普通の顔だが、とてもそう思えない無愛想なおじさん、一人で笑っている人、楽しそうに笑いあっているカップル——他人が見ていることをしらない人間ってものは幸せなものだな——ふとそう思った。と思っている間に見覚えのある人がまた通る。さっき通りすぎていった人だ。忘れものでもしたのだろうか。みんなそれぞれの場所から来て、またどこかにいくんだ。そんな当たり前のことを妙に認識したりする。

心情の吐露に関しては率直であるといえる。それは表現の交流によってもたらされる理解や共感、そして安心感を得られるような対人関係を作り上げてきた経験によるものと考えられる。

本文中に「楽しい」「笑い」という言葉が多用されている。本受験者の場合は、日常の抑圧感や他者への警戒が孤独感を形成して、硬化してきていることを考慮する必要がある。そのモデルに自己を投入しているのだが、同時に本受験者の内側に他者には覗《のぞ》かせない感情の渦、凝固した孤独感も感じられる。

他者との表層的な交流に飽き足らず、本来的な関係を築く願望も示されている。かといって、視点を固定し、感情を抑制したままでは、他者に対する理解さえも自己解釈の枠にとどまってしまう。「普通」「当たり前」といった表現は、本受験者の他者への理解の限界を示している。限界が自信の欠如となって、作文全体に隠れた流れを作っている。自己の限界に対するもどかしさは自己へのこだわりとなって、より強く表わされる。

「他人が見ていることを――」の文に着目すると、前述の評価願望がここでは違う表現となって語られている。自己を中心とした世界での視点は時として、他者に対する理解を不十分にし、自己を傲慢《ごうまん》にさせがちである。見ている自己を優位とし、その見方自体に、見ている事実全体に我田引水的な評価を与え、他者の存在全般を風景化してしまう。これを人間関係のなかで示せば、多くの他者の一般感情を逆撫《さかな》でしてしまうことにもなりかねない。容易に覗かせない本受験者の内面空間の一片をここから知ることができる。自ら視野、概念を限定することによる自己世界の形成は独善的となることもある。本受験者はその点に気付いており、その気配りが他者への過剰意識となって、表現されている。

作文の中段になって文章に話言葉が混ざり、文脈に乱れが出ている。それは自分が語ろうとすること、語ってしまったことへの不安によるものである。しかも、それを強引に次へ展開させていくことで混乱を招いたのだろう。本受験者の頑固さはここにも見うけられる。

しかし、文章の移行は強引だが、そこからは機知、アイデアが見てとれる。また、感性的な飛躍もある。これもひとつの才能ととらえられる。コピーライター的なセンスを持っている。一般を対象にした表現ではそのセンスをより洗練させれば、かなりハイレベルとなるだろう。自己主張と感性の優れた個性的な人間の集まる組織に入れることで、より成長を見せることが期待できる。

「みんなそれぞれの――認識したりする」は興味深い記述だ。

この考え方と文章は、必ずしも本受験者の感慨ではなく、記憶のなかから素材として取り出したものだろう。それが後半の文によって立証されている。

Aの現象に対応するAの常識的な記憶の配置
Aの意見に対応するAの常識的な記憶の配置

これが思考構造の一面を示唆している。その取り出し方と処理方法に目を向ければ、深い意味での読書や言語体験がなく、知識、情報の裏付けが乏しいことが指摘できる。それが末尾の「認識したりする」というような、ちぐはぐな表現を生み出してしまっている。

本受験者の思考は一定の訓練を経れば伸長できるだろう。しかし、現在は日常生活に埋没し、普通を良しとする感覚が支配する環境に身を置いていると考えられる。概念的な思考の体験を積み重ねることが、今後必要となるだろう。

この文面から見るところ、体系的に物事を把握する体質を有していると考えられるため、心底刺激を受けることがあれば、自己をその体系に任せ思考も委《ゆだ》ねることになる。

◆対策

企業、経営者、上司による理念の教育

子供達の集団下校。みんな、私のことなどいちべつもせずに走り去っていく。なつかしい気分。私もあんなに小さい時があったんだなぁ。お母さんと赤ちゃんがゆっくりゆっくり近づいてくる。お互い微笑みながら。さっきの小学生の軍団の時もそう思ったけれども、こんな住みにくい世の中を未来に背負わなければならない子供達がすくすく成長していくことを願わずにはいられない。

明快に感情を高揚させている。話言葉が多用され、体言止めも表れてきている。論理ではなく、感覚的な表現であり、情緒に傾斜している。

自分よりも幼く警戒の必要のない子どもに視線が向けられる時に、情緒的な感慨のみが導き出されている。これは、本受験者の思考が、常に、同年輩から上へと向かっていることを示すものであり、視野の境界を見せている。

ここで見られる慣用表現や反復は、前述の指摘とはやや異なった内面性を表わしている。無難に受け入れられる安全圏に入り込んだ安心感と、もう一方で、思考の持続力のリミットをも示している。次第に高揚する感情に対して、自己をクールに客観視できないでいることに由来すると見てよい。それまでに見せた自己世界をフォローし、自己内に没入しているのである。

主にここでは日常の人間関係における会話の状態を示している。螺旋《らせん》的に思考と理解が進み、心情的な共感で終わる。

常に自分は傷つかず、平和、平穏な日常を過ごす。積極性やバイタリティを強要すると反発する。対応の仕方には工夫が必要である。

その横を、たそがれの中、老人と孫らしき人がゆっくり通りすぎる。子供は無邪気におじいさんを気づかいながら、おじいさんは子供に暖かい優しい目を向けながら。そんなに孫というのはかわいいものなのか、私も孫をもってみたいという馬鹿な考えを持ちながら、心の中でその2人に手を振った。

高揚がピークに達してきている。傾向は概《おおむ》ね先ほどの文章と共通しているが、ここでは「〜はこうなる」「〜はこうあるべき」という是認されている認識を前提にし、前提を壊すことをしないで社会の大勢に流れる自己を肯定する性質を見ることができる。本来はそれに抗して自己を持ちたい意志は有していながら、あきらめと力量不足を実感している。それに起因した一般論とイメージのなかの行動である。人格を多重化したり、それを抑制して「ゆるぎない自己」を形成しようとしている。

「馬鹿な考え」、ここでは自分を茶化している。見えてしまった人間や人生、その想像にはまっていこうとする自分……。一見、完結したように思える世界認識のなかで想定する自己の姿である。

しかし、ここにはそうした認識への漠とした不安と疑問がある。孤立感はこうしたはざまに生じてくるものである。

気がつけばあたりはもう薄暗い。そろそろ帰ろうか。両親が心配しているかもしれない。

ふと自分の心をのぞいてみると、理由のない憂うつはいつの間にか消えていた。私は今日出会って忘れてしまった人々のことを心の片隅に思いうかべて帰途についた。無性に〝みんな頑張れ！〟と言いたかった。

終節としての落ち着きがある。帰属意識の強さ、安定志向は指摘できる。前節との関連で考えれば、一挙に茶化してしまったり自己を一挙に転換させてしまう傾向を併せ持っているように見える。

論理よりも感情、感覚で表現や行動をする気分屋的体質でもある。通常は日常の小社会のなかで許容される範囲内での発現に過ぎないだろうが、傾向として把握しておく必要はある。

現状の自己で認められたいという欲求を持ちつつも、現状以上に成長したいという欲求もある。また、自己をさらけ出すことに対する危機感を持ちつつも、求められている自己像を演じる強い意志も持っている。これらのバランスを保ち、自己を異なった視点から傍観することもできる人材である。

同質化、旧感覚への回帰、反抗の姿勢、イメージ化が重なりあって表現され、本受験者の特筆すべき文章力とセンスはそうした本来の矛盾、分裂をうまく縫合し、心情面を取り入れ、自己を芝居化し、空間を劇場化することでつじつまを合わせている。

全体を通して、想像力や想定力はきわめて優れているといえる。それを抑えて一般化するよりも、その面の飛躍、拡大が成長、開花のカギとなる。「私と私のみたもの」ではなく、他者、物、空間を、更には抽象概念をこそイメージに結びつけると総合的な思考力の育成につながるといえる。

また、基本的な能力は十分にあり、研鑽《けんさん》によってこれ以上の成長が可能な人物である。作文では、あえて一般論を避け自分の独創性をもって表現していこうとしたのだろう。その際、自らの技術と一定の自信がこの文章の印象を形成している。

強固に自らを示すのも、裏打ちされるものがあったからである。基盤が充実し、もっと独創性を表わすことを予め《あらかじ》許容されていれば本受験者の内面はより先鋭化していくとも考えられる。


試験にくる前も〝絶対合格する〟と思っていたから、それほど緊張はしていなかった。ただ常識問題で苦手の数学と化学がちょっと不安だったが、試験問題になかったので大分ホッとした。それに〝白紙でさえださなければ……〟といって下さったので安心した。

やっと試験がおわり、心にひっかかっていたものが8割方とれて正直うれしい気分である。

(4)　緊張が解け、幾分リラックスした表現になっている。
「不安」「ホッ」「安心」「うれしい」「正直」など、心情が多く語られている。自己を主張するよりも、共感と理解を受けることへの意識の高さが窺《うかが》える。平凡で一般的感覚を表現している。これが、本受験者の日常会話、生活の一面だろう。

また、他者依存、甘えが見られ、更には責任転嫁も包含している。甘えと安定による一定の開花なのか、本来の開花なのかが受け入れる側に問われている。

終章

内職のようなつもりではじめた論文分析の作業だが、気がつけば私の一年の半分近くがこれに追われることになっている。しかも私しかできないといって、声をかけてくれる企業も多い。喜ぶべきことだが、荷の重さも感じている。

最近は採用試験の作文を分析することも多くなった。本編には書かなかったが、今日の学生たちの実情や就職に対しては、認識の驚くべき甘さやマニュアル化が感じられる。リクルートスーツが黒に統一されていくように、エントリーシートも入社論文もパターン化していくことを当然と思っている向きさえある。

就職指導はどうなっているのか。肝心な自分の分析さえできずに、語学、資格、パソコンスキルということを列挙しても、そこに自己像は見えてこない。しかし、本人がそれでいいと思っているという現実こそが問題なのだ。

学校の教育が一部では大きく変わっているが、大勢はより悪い方向に進んでいる。その方面への言論活動は私の日常でも活発になっている。

気になるのは他に誰がそういった問題を指摘し、今後の対応策を喚起しているのだろうということだ。政治家には期待できない。学者や文化人も本質を語れる者たちは口を閉ざしている。あるいは野に隠れている。

企業現場で本質を語ってもさして有効には作用しない。行動に移せば排除される危険にさらされる。

すくんで、気弱になって、何かを待っている。様子を窺《うかが》っている。そんな気配が濃厚に感じられる。私はこの論文の現場を担っていることを幸いとして、今回は思いを語った。

私の言論は現場の蓄積の上で作り上げている。間違っては困る。その言論を持っている者が分析採点の現場にいるのではない。逆なのだ。

私は思想教育を決して否定はしないが、それをする気は毛頭ない。むしろ思想も宗教も哲学も文学もひとつの観点としてより多く獲得していくことを目指している。それらはものごとをどう見ていくか、またどう考えていくかということの事例として提供されていると考えているからだ。

この考え方は表現教育者としての必要性からくるものだろう。でないと自己のつまらぬ考えを押しつけ、理解させて気に入った論文ができて悦に入るという愚行になる。現実にはそういう表現教育者たちが多いからこそ、私としてもまだ燃えていくしかない。

企業人の認識と意識の場では、表層と流布される情報に踊らされて地に足が着いていないという感触がある。

ものごとは還元する。その根幹と基軸を見据えていくことが大切だ。浮き足だつことは組織の崩壊の一歩だ。介入が多く、幹部も混乱したままの状態が継続している。次の展望を確立させて邁進《まいしん》していく段階にあると私は考える。

国にすがり、その庇護《ひご》と指導のもとに何をしていくというのだろうか。民間が主導し官や政治家はそれに追随していくという本来の姿が失われてきている。まともな官僚なら民間の動向から学んでいく。民間もまたそういう衿持《きょうじ》があった。いつも誉められたいという考えだけでは、さらなる腐敗と怠惰を招いていくだろう。

私はだからこそ、現場にいる数多くの人材を活性化させ、展望があることを示して、巧妙に、そしてしたたかに、元気づけていきたいと考えている。

どんな局面であってもたかが論文ひとつ。しかし、そこに本気になって見据えて見ていこうとしている存在もいることを知っていてほしいのだ。
企業の外部の存在が本気になって、見たことも会ったこともない論文の書き手の評定をめぐって議論しているという場面を想定してほしい。私はほとんど深夜から明け方まで、企業人の論文を読解し、分析し、採点し、思いを馳《は》せている。少なくともこれから一〇年はやり続けなくてはならないと考えている。私に課せられている問題は、その間にどこまで企業内の国語政策や人事の次世代戦略が構築できるかだ。着実に石と種を置いていきたい。

宮川俊彦

二〇〇三年十月一日

宮川俊彦（みやがわ・としひこ）
1954年、長野県に生まれる。国語作文教育研究所所長。小中学生を中心に100万人におよぶ作文を分析し指導、学校教育における文章力向上「作文教育」を提唱している。一方で、教育評論家としても活躍。テレビなどのコメンテーターとしても定評がある。また、大手上場企業など500社を超す「企業昇進昇格論文」や「入社試験の作文」などを開発、分析。日本で唯一の文章分析のスペシャリストとして多岐にわたり活躍している。著書として『北風は太陽に負けない！――脱・常識的思考の方法論で勝ち残る！』（角川oneテーマ21）、『家庭でできる10分作文』（小学館）、『就職活動　言葉づかいの基本』（一ツ橋書店）など多数。

昇格《しょうかく》する！論文《ろんぶん》を書《か》く

宮川俊彦《みやがわとしひこ》

二〇〇三年十一月十日　初版発行
二〇一一年　七　月十日　八版発行

発行者　井上伸一郎
発行所　株式会社角川書店
東京都千代田区富士見二―十三―三
〒一〇二―八〇七八
電話／編集　〇三―三二三八―八五五五
発売元　株式会社角川グループパブリッシング
東京都千代田区富士見二―十三―三
〒一〇二―八一七七
電話／営業　〇三―三二三八―八五二一
http://www.kadokawa.co.jp/

装丁者　緒方修一（ラーフイン・ワークショップ）
印刷所　暁印刷
製本所　BBC

角川oneテーマ21 B-51

ISBN4-04-704149-1 C0295

A-26
快老生活の心得
齋藤茂太
いきいき老いるための秘訣は身近なところに隠れている。ちょっとした意識改革で老後が楽しくなる。精神科医にして「快老生活」を満喫する著者の快適シニア・ライフ術。

A-22
一〇〇歳までの上手な生きかた
稲垣元博
夫や妻を寝たきりにせず、健康で楽しく老後を過ごすためのエッセンスが満載。医師である著者が、自ら実践する〈一〇〇歳まで生き抜くための健康法〉を公開する。

A-25
大往生の条件
色平哲郎
長野の無医村に赴任した医師が、村の住民から学んだ老後の生き方と看取りの作法。そして「ピンピンコロリの大往生」とは。現代日本の医療問題を考えさせる一冊。

B-40
ひらがなで読むお経
大角 修
ひらがなで書かれた異色のお経本。色即是空から食事の作法まで、人生作法に密着した癒しと、励ましにみちた23のお唱えを収録。お経の解説と「言葉小事典」付き。

A-29
老い方練習帳
早川一光
よりよく老いるためには、ちょっとしたコツがあります。毎日の生活、夫と妻、家族、嫁、孫まで。老いるための心構えのための練習帳。年を重ねるのが楽しくなります。

A-28
五〇歳からの人生設計図の描き方
河村幹夫
ちょっとした知恵で人生が劇的に変わる。「週末五〇〇時間活用法」で毎日を有効に使いませんか。納得できる人生最終章の夢を実現しよう。まだ、間に合います！

B-42
健康診断・人間ドック「気になる」疑問
鷲崎 誠
「正常値」は信用できるのか、病気は全部見つかるのか。ささやかな疑問からウラ事情まで、健診・ドックの真実。ひと目で分かる、病気別検査項目〈信頼度ランク付き〉。